감히 짐장
미디어에
고함

1판 1쇄 인쇄 2011년 12월 28일 | 1판1쇄 발행 2012년 1월 6일 | 지은이 홍석환 | 펴낸이 이용길 | 펴낸곳 모아북스 | 기획총괄 정윤상 | 관리 정윤 | 북디자인 홍시 | 제 10-1857호 | 경기도 고양시 일산 동구 백석동 1332-1 레이크하임 404호 | 전화 0505-627-9784(대) | 팩스 031-902-5236 | 홈페이지 www.moabooks.com | e-mail moabooks@hanmail.net | ISBN 978-89-97385-07-2 03340

글.홍석환

갈팡질팡
미디어에
고함

모아북스
MOABOOKS

홍석환, 그에게 희망을 걸다

임동훈(林東勳) 전 방송위원회 위원, 전 한국방송영상산업진흥원 이사장

2011年 他界한 스티브 잡스를 두고 세계가 온통 칭송 일색이다. 정보화 사회를 급진전시킨 IT업계의 巨物이란 次元을 넘어 21세기 인류의 생활풍속을 바꾼 우리 시대의 천재였다는 표현까지 나온다. 그가 개발한 아이폰–스마트폰의 위력이 그만큼 폭발적이었다는 얘기다.

스티브 잡스 바람을 보면서 나는 '홍석환 교수가 미국에서 태어나 잡스와 같은 환경에서 경쟁했다면……' 하는 상상을 해본다. 두 사람은 의외로 공통점이 많다. 둘은 비슷한 시기에

컴퓨터 부품을 만지작거리면서 정보화 사회를 맛보고 성장한다. 열악한 조건에서 IT시대를 준비하고 실패를 경험하고, 그러나 좌절하지 않고 매진한다.

홍석환은 MBC 계열사에 가운데 가장 열악한 변두리 방송사에서 엔지니어 생활을 하면서 방송 전반에 컴퓨터 시스템을 도입한다.

일부 방송장비나 電算 수준에 머무르던 컴퓨터 이용을 프로그램 제작, 송출에까지 채택한 것은 곧 MBC 본사 및 계열사에 파급되었고, 그가 자리를 옮긴 〈아리랑TV〉에서는 한국 최초의 Tapeless시스템이 가동된다.

통신 위성이 발사되자, 그는 위성방송 시대에 발맞추어 민간 위성방송 송출회사 〈미래온라인〉을 설립하기도 한다.

그가 성남시의회 의원이 된 것도, 성남을 IT산업의 메카로 만들기 위한 집념의 所産이었다고 전해 들은 바 있다.

결국 IT산업을 향한 끈기와 집념이 비슷한 두 사람의 운명의 차이는 그들을 키운 토양이 좌우하고 있다면 나의 엉뚱한 상상일까? 홍석환 교수의 〈갈팡질팡 미디어에 고함〉을 보면서 떠올려 본 소회이다.

그에게서 큰 희망을 보고 싶다.

달려가겠습니다. 지켜봐 주십시오!

국민과 정부, 일방 소통은 없습니다.
이제는 양방향 소통입니다.

얼마 전 모 예능 프로그램에서 있었던 일입니다. 과격한 언어
와 행동으로 심의에 걸려 사과 방송을 내보낸 적이 있는 프로
그램이었기에 높은 시청률만큼 사람들의 관심도 고조되었습
니다.

어느 날 그 프로그램 출연자들끼리 게임을 해서 진 사람이
뺨을 맞기로 했는데, 이것 또한 심의 대상이라 어지간히 신경
이 쓰였던 모양입니다. 게임에 져서 벌칙을 받게 된 동료를 한
사람이 뒷골목으로 끌고 들어갔고, 자막으로 "짝!" 소리를 넣
어 처리를 했습니다.

시청자들은 그 사람이 진짜 벌칙을 받은 건지 자막만 넣은 건지 알 수 없는 상황이었습니다. 그때 동료 중 한 명이 뒷골목으로 뒤쫓아 가더니 두 사람의 행동을 휴대폰으로 촬영했습니다.

다른 사람들이 "뭐야, 뭐야?" 하고 묻자 그 사람은 "자세한 것은 SNS로 확인하세요"라고 한마디를 불쑥 던졌습니다.

텔레비전을 보고 있던 아이와 할머니는 그 순간 고개를 갸웃했습니다. SNS라니, 도대체 그것이 무엇이며 어떻게 확인하라는 말인지……. 텔레비전에서 다 보여 주지 못하는 그것을 보기 위해 또 다른 뭔가를 봐야 하는 건지 궁금해졌습니다.

국민의 목소리가 살아있는 소셜 네트워크

그 방송을 보고 있던 사람 중에 비슷한 느낌을 가진 분들이 꽤 있을 겁니다. 아직은 SNS라는 말이 생소하기 때문입니다. 그렇다면 SNS라는 게 갑작스럽게 등장한 낯선 환경일까요? 그렇지는 않습니다. SNS는 이미 우리 일상에 가까이 다가와 있지만 시나브로 일어난 일이라 크게 인식하지 못했을 뿐입니다.

1999년부터 시작된 싸이월드는 10년이 훌쩍 넘은 시간 동안 2,600만 명의 회원을 확보하였고, 스마트폰의 보급과 더불어 페이스북과 트위터를 활용하는 이용자가 기하급수적으로 늘고 있습니다. 싸이월드, 페이스북, 트위터가 바로 SNS를 대표하는 커뮤니티입니다.

SNS란 소셜 네트워킹 서비스(Social Networking Service)의 약자로, 온라인을 통해 불특정 다수와 관계를 맺을 수 있는 서비스를 말합니다. 예를 들어 페이스북이나 트위터에 자신의 일상, 생각, 주장 등을 펼치면 다른 이가 그것을 보고 자신의 생각을 덧붙이거나 그 사람의 생각에 동조를 하면서 새로운 제안을 곁들이기도 합니다. 그렇게 서로 관계를 맺는 것입니다.

특히 공감대의 폭이 넓은 글을 올리면 팔로윙하는 사람의 수가 어마어마하게 많아지면서 그것이 하나의 여론을 형성하기도 합니다. 또한 SNS는 인맥을 새롭게 쌓거나, 기존 인맥과의 관계를 강화하는 수단이 되기도 합니다. PC보급률이 100% 이상이고 스마트폰 보급률이 50%에 육박하는 요즘, 국민의 상당수가 SNS를 통해 양방향 소통을 하고 있습니다.

SNS는 양방향 소통뿐만 아니라 인터넷과 스마트폰을 기반으로 실시간 교류가 가능하므로 가장 발 빠른 소통 수단이 되었습니다. 길거리를 걷다가, 친구를 기다리다가, 지하철을 타고 가면서도 불특정 다수와 교류를 합니다. 관심사가 같거나 공통분모가 있다는 이유로 얼굴 한 번 본 적 없는 그들과 친구처럼 얘기합니다.

뭐니뭐니해도 SNS의 가장 큰 특징은 기존의 미디어가 일방적인 소통을 하는 데 반해 양방향 소통이 가능하다는 데 있습니다. 일방적인 소통의 경우 전달되는 내용을 대부분 수용할 수밖에 없고, 그것 외의 정보를 알려면 복잡한 경로를 통해야 했습니다. 만약 전달되는 내용에 대한 비판이 있다 하더라도 대부분 술자리의 안주로 오르내리거나 혼잣말에 그치고 말았습니다. 다른 사람과 소통하여 공감대를 형성하는 게 소그룹 단위로 이루어졌다는 말입니다.

하지만 SNS는 양방향 소통이 가능하기 때문에 의견과 비판 혹은 동조가 동시다발적으로 이루어집니다. 국내뿐만 아니라 전 세계인들이 개개인의 생각을 표현하고 공유할 수 있습니다. 그래서 누군가와 의견을 규합하여 세력을 만들 수도 있으며 혹은 대중의 객관적인 목소리에 귀를 기울이고 자신의 생각을 가다듬는 도구로 활용할 수 있습니다.

공론의 장이 되는 뉴미디어

SNS는 뉴미디어의 발달과 행보를 같이하는 대표 커뮤니티입니다. 기존의 미디어는 뉴미디어의 등장에 자리가 옹색해지고 말았습니다.

뉴미디어는 커뮤니케이션 측면에서 봤을 때 '상호작용할 수 있는 폭이 넓다'는 장점이 있습니다. 기존 미디어인 텔레비전은 방송 시간을 기다렸다가 원하는 프로그램을 봐야 했지만, 뉴미디어인 인터넷은 그것을 언제든 시청 가능하게 만들어 주었으며 스마트폰과 태블릿PC는 공간의 제약까지 넘어서서 언제 어디서든 시청 가능하게 만들어 주었습니다.

기존 미디어인 신문이나 잡지는 인쇄되어 사람들이 받아보기까지 일정 시간이 필요하기 때문에 그 시간 동안 변화가 발생했을 때는 대처할 수가 없습니다. 그러나 뉴미디어는 실시간 업데이트가 가능하고, 더불어 추가 정보와 대응책까지 모색할 수 있는 여지를 만들어 줍니다.

물론 뉴미디어란 기존 미디어에 대한 상대적인 개념입니다. '기존 미디어'로 분류되는 신문, 라디오, 텔레비전도 개발 당시에는 뉴미디어로 인정받으며 화제의 중심에 서 있었을 것입니다. 그러나 미디어의 발달과 수요자의 요청에 부응하기 위해 더욱 빠르고 포괄적인 형태의 미디어가 필요했으며, 그에 따라 뉴미디어가 등장하게 된 것입니다.

요즈음의 뉴미디어는 컴퓨터 및 전자공학이 급속도로 발달한 1950년대 후반 이후부터 기초를 마련했으며, 고도의 정보처리 기술과 첨단 정보전송 기술에 초점을 두고 그것을 생활에 직접 접목할 수 있는 방향을 모색했습니다.

이렇게 탄생한 뉴미디어는 하바머스의 얘기처럼, '개개인이 지위에 불문하고 동등하게 대우 받고, 어떤 주제도 토론할 수 있으며, 전문성이나 지위에 상관없이 누구나 참여할 수 있는 공론의 장(public sphere)' 기능을 갖게 되었습니다.

사회의 이슈를 주도하는 SNS(소셜 네트워크)

2011년을 뜨겁게 달구었던 튀니지(재스민) 혁명과 이집트 혁명은 SNS의 위력을 증명한 시민혁명이었습니다.

흰색과 노란색 꽃이 피는 재스민은 특유의 향내가 나는 꽃의 이름으로, '신의 선물'이란 꽃말을 가지고 있으며 튀니지의 국화이기도 합니다. 하지만 근래 들어 재스민은 중동 민주화 운동의 상징이 되었습니다.

왜냐하면 2010년, 튀니지의 한 상인이 높은 인플레이션과 독재에 항거하며 분신자살을 하는 사건이 벌어졌는데, 이 사건이 기폭제가 되어 시민들이 재스민을 들고 거리로 뛰쳐나옴으로써 24년 간 독재 정치를 하던 벤 알리 대통령이 자리에서 물러날 수밖에 없었습니다. 그래서 그 이후 중동지역 민주화 운동을 말할 때 '재스민 혁명'이라고 부르고 있습니다.

튀니지 혁명은 중동 지역의 많은 나라에 민주화 바람을 불러일으켰습니다. 이집트 혁명도 튀니지 혁명과 비슷한 경우입니다. 식량 가격 폭등, 높은 실업률 등으로 경제적 어려움을 겪고 있던 이집트의 국민들이 당시 정권에 불만을 품고 30년 동안 장기집권을 한 정권에 반기를 들었습니다. 그리고 시민혁명 18일 만에 무바라크 대통령이 자리에서 내려와야 했습니다.

이 두 혁명의 공동점은 배경에 SNS가 있었다는 것입니다. 시민들은 트위터와 페이스북 등 SNS를 통해 서로 소통하면서 집회 장소, 방법 등을 모의하였고 그 결과 민주화 시위를 통해 독재자를 권좌에서 몰아낼 수 있었습니다. 이쯤 되면 중동의 시민혁명을 SNS의 혁명이라고 불러도 과언이 아닐 것입니다.

비단 이것은 남의 나라 일만이 아닙니다. 인터넷 강국이자 미래통신 사업의 첨단을 걷고 있는 우리나라는 기기의 보급과 더불어 SNS 활동이 활발한 국가로 손꼽히고 있습니다. 2011년 무상급식이나 서울시장 보궐선거, 한미 FTA 등 여러 굵직굵직한 사안을 관통하면서 SNS는 큰 위력을 보여 주었습니다.

또한 과거 황우석 박사와 관련한 사건 때, 젊은 연구자들의 커뮤니티 사이트인 BRIC가 커다란 역할을 하였음은 잘 알려진 사실입니다. 최근의 천안함 사태 때도 소위 전문가들이 발표한 정부의 공식적인 조사 보고서에 대하여 여러 인터넷 사이트에서 자칭·타칭의 전문가와 비전문가가 지속적으로 의문을 제기했으며, 이들의 영향력이 공식적인 보고서에 못지않았습니다.

물론 광우병 사태 때는 말할 것도 없었습니다. 정치적인 관계, 국제사회에서의 교류와 상관없이 일반 대중은 현실적인 문제를 자신과 연결시켜 해석할 수밖에 없습니다. 개인의 목소리가 존중받는 시대의 흐름 속에서 SNS는 더욱 많은 사회적 이슈를 끄집어낼 것입니다.

매스미디어와 정치

날씨, 물가 정보, 사회 곳곳의 소식, 스포츠, 생활 정보 등 방대한 양의 정보를 전하는 매스미디어. 텔레비전, 라디오, 신문, 인터넷을 이용하지 않고 하루라도 살 수 있을까 싶습니다. 그만큼 매스미디어는 우리 삶 속에 깊이 들어와 있으며 다양하게 관여하고 있습니다.

그간 미디어는 전문가가 나서서 비전문가인 일반인들을 선도하는 역할을 담당했습니다. 신문, 잡지, 방송 매체들이 기수가 되어 다양한 정보를 전달했습니다. 그러나 일방적인 소통에는 문제가 뒤따를 수밖에 없으며 한계를 인정해야 했습니다. 특히 개인의 주장이 강해지고 인터넷 공간에 정보가 널려 있는 미래사회에서는 기존 미디어의 효용성이 떨어질 게 분명합니다.

대중의 목소리를 외면한 미디어는 결국 대중으로부터 외면당하게 됩니다. 대중들의 목소리를 듣고 그 소리에 반응할 때 미디어도 살아남을 수 있습니다. 그러다 보니 미디어는 대중과 밀접한 관계를 맺으며 같이 숨 쉬고 발전해 왔습니다. 국민들과 밀접한 관계에 있고 파급력이 크다 보니, 한때 정권은 자신들의 의도에 따라 매스미디어를 이용했으며 그로 인해 매스미디어가 권력기관으로 인식되기도 했습니다. 하지만 언론과 정치는 '불가근 불가원(不可近 不可遠)'이란 말처럼 너무 가까워서도, 멀어서도 안 되는 관계입니다. 너무 가깝거나 멀면 그 실체가 제대로 보이지 않으며, 적당한 거리에 서 있어야 본모습이 보이기 때문입니다.

매스미디어는 우리 사회에서 일어나고 있는 일들을 추적하는 환경 감시 기능을 갖고 있으며, 여러 사건들을 연결·해석하여 그 의미를 알려주는 해석 혹은 상관조정 기능을 갖고 있습니다. 또한 현 시대의 문화유산을 다음 세대에 물려주기 위한 문화적 가치 전수 기능, 우리의 삶을 즐겁게 해주고 생활에 활기를 불어넣어 주는 오락 기능을 갖고 있습니다.

이러한 매스미디어가 인터넷을 중심으로 한 SNS로 발전하면서, 토론과 댓글 문화가 확산되고 더불어 국민들의 의식도 급속도로 향상되었습니다. 그간 정치적 이슈가 생기거나 선거에 있어서, 신문은 내용 인지에 영향을 미쳤으며, 텔레비전은 영상을 통해 태도에 영향을 주었습니다.

그러나 인터넷과 SNS는 양방향으로 소통을 하면서, 정치적 이슈나 선거 후보자에 대한 인지와 태도를 가지고 '실제적인 행동'을 취할 수 있도록 충분한 동기를 유발합니다. 실제로 지난 17대 대선 때 미디어를 통한 정치 참여가 이루어졌으며, 최근 SNS 등 뉴미디어 산업의 발달로 인해 정점으로 치닫고 있습니다. 바야흐로 SNS의 전성시대라고 할 수 있습니다.

SNS는 시간과 공간의 제약을 극복하고 동시다발적으로 정보를 공유하고 소통하면서, 기존 매체가 가지고 있던 여론 독점의 벽을 허물고 드디어 정보 평등의 시대를 열었습니다.

뉴미디어, 제대로 가고 있는가

뉴미디어의 발전과 활약이 그 어느 때보다 눈부신 이때, 뉴미디어가 만사형통의 수단이라고 과연 말할 수 있을까요? 그것에 대한 대답은 회의적입니다.

현재 뉴미디어를 활용하는 향수층은 10대에서 50~60대까지 다양하지만, 주요 향수층은 10~30대로 젊은이들이 대부분입니다. 소소하게는 인터넷 논객이 등장한 데서부터 크게는 대통령 선거의 결과에 이르기까지, 뉴미디어의 등장으로 불어닥친 사회 전반의 변화는 폭넓습니다. 그러나 그 변화의 물결을 젊은 층이 주도하다 보니 그 흐름에 몸담지 못한 사람들은 상대적인 소외감에 빠지게 됩니다.

SNS의 특징인 '언제 어디서든 실시간'이란 장점은 곧 단점으로 퇴색되기 쉽습니다. 사람들은 이슈나 문제를 접했을 때 심사숙고하기보다 즉각적인 생각과 반응을 보이게 되었습니다. 인스턴트 음식을 많이 먹는 사람은 인스턴트 사고와 습관을 갖게 된다는 말처럼, 즉각적인 반응에 익숙해지다 보면 생각하는 시간조차 불필요하다고 느끼게 됩니다.

또한 다른 사람과 조율하고 타협하기보다는 그런 사람들을 피해 비슷한 생각을 가진 사람들끼리만 뭉쳐서 소통하려는 경향이 있습니다. 그것은 특정 집단의 논리에 여론이 쏠리는 부작용으로 나타날 수 있습니다.

우리사회에서 SNS를 이용하고 있는 사람은 약 1,500만 명이라고 합니다. 그리고 SNS를 통해 유통되는 정보 중 부정적인 언급은 64.7%이며, 이에 반해 긍정적인 내용은 25.3%인 것으로 밝혀졌습니다.

분명 국민의 목소리를 반영하고 사회적 이슈에 시민들의 참여가 늘어난 것은 사실이지만, 사실과 다른 정보와 거짓 내용이 아무런 검증 없이 무작위로 확산되는 단점이 있습니다. 괴담의 진위 여부를 파악하기도 전에 비난부터 쏟아내는 게 문제입니다. 정치 스캔들, 유명 연예인 사망설, 주가 조작설 등 '설'이 인터넷에 실시간 검색어로 오르자마자 근거 없는 댓글이 줄이어 달립니다. 뉴미디어가 괴담의 진원지가 되는 것입니다.

거짓과 오류, 몰아가기, 비난하기, 들춰내기 등 문제가 될 만한 것들이 SNS를 통해 마구잡이로 떠돌다 보니 이용자가 그 중 옥석을 가려 수용해야 합니다. 만약 본인이 가치관을 명확히 가지고 있지 않다면 휩쓸리기 십상인 것입니다.

일명 '마녀사냥'이라 불리는 신상털기도 문제가 되고 있습니다. 개인의 사생활이 보호 받지 못하고 낱낱이 들춰지기 때문에 그것이 개인에게 있어서 치명적인 결점이 됩니다. 그래서 마녀사냥의 대상이 된 사람이 극단적인 결정을 내리면서 사회의 파장을 불러일으킨 사례도 있습니다.

또한 SNS의 대표주자인 스마트폰과 관련하여 '스마트폰 폐인'이란 말이 등장하고 '스마트폰 화성인'이 TV에 출연할 만큼 중독 상태가 심각합니다. 사람들이 어떤 얘깃거리로 들끓고 있는지, 어떤 의견이 지배적인지, 지지 세력은 어떤 근거를 갖고 있는지 등이 궁금하여 잠시도 스마트폰을 몸에서 떼지 못하는 것입니다. 그들은 밥을 먹을 때는 물론 심지어 화장

실에 갈 때나 샤워를 할 때도 스마트폰을 가지고 들어간다고 합니다.

이러한 가운데 방송통신심의위원회가 SNS와 애플리케이션을 심의하는 뉴미디어 정보심의팀을 신설해 규제에 나설 움직임을 보이고 있습니다. 뉴미디어가 폭력이 되지 않도록 심의하겠다는 것인데, 과연 SNS의 본질이 무엇인가에 대한 논란이 커질 것으로 보입니다.

마음을 열어야 정치가 열립니다

세상에 존재하는 어떠한 도구든 사용하는 사람에 따라 때론 선이 되기도 하고 때론 악이 되기도 합니다. 그것은 도구의 문제가 아니라 사용자 의식의 문제입니다. SNS는 현재 우리나라에서 과도기적 기로에 놓여 있습니다. 이 혼란의 과정을 거쳐 안정기에 접어들면 수용에 관한 판별력이 생기면서 SNS도 바람직한 방향으로 자리를 잡아 갈 것입니다.

앞으로 중요한 사회적 이슈가 되는 정치, 경제, 사회 전반에 관한 결정은 전문가들끼리만 모여 폐쇄적으로 하지 말고, 일반 대중을 그 과정에 참여시키는 것이 필요합니다. 일반인들을 납득시키는 방법은 결정 과정을 투명하게 공개하는 길밖에 없기 때문입니다. 그런데 이 과정이 성공적으로 수행되려면 관계자들이 좀 더 열린 마음과 자세를 갖는 것이 필수입니다.

여기서 다시 한 번 대두되는 문제가 '바람직한 형태의 양방향 소통'입니다. 국민 의식 수준이 높아지고, 정보가 공개되고, 일반인들이 전문가적인 수준의 지식을 쌓고 있는 현실에서 더 이상 폐쇄적인 정치를 할 수 없습니다. 자기들만의 세계에서 벗어나 폭넓게 대중과 소통할 수 있는 자세와 능력을 갖추는 것이 정치인들이 선행 조건이라고 봅니다.

정치란 사람과 사람 사이의 갈등 및 이해관계를 조정하고 유지하는 일입니다. 이러한 정치 활동은 기본적으로 커뮤니케이션를 통해 이루어집니다. 효율적인 정치를 하기 위해서는 적절한 커뮤니티 네트워크가 있어야 하는데, SNS는 그러한 역할을 충분히 해 나갈 수 있습니다.

미디어를 통한 소통

뉴미디어는 글로벌한 도구로, 세계 각국에 살고 있는 이름 모르는 누군가와도 교류할 수 있다는 장점이 있습니다. 하물며 우리와 삶을 같이하는 이웃들과는 더욱 밀접한 소통과 교류를 할 수 있습니다. 그리고 그 소통은 매우 중요합니다.

하지만 외국인이나 장애자들은 의사소통과 공감대 형성에 어려움을 겪습니다. 뉴미디어로 세계인과 소통하면서 정작 가까운 곳에 있는 이웃과는 교감하지 못하는 것입니다.

다양한 경로를 통해 현재 우리나라에 체류하고 있는 외국인의 수는 130만 명으로, 전체 인구의 2.7%에 해당합니다. 수원시의 인구가 약 120만 명이니 도시로 따지자면 수원보다 조금 더 큰 규모로 볼 수 있습니다.

이 가운데 이주 노동자들은 우리나라에 오기 전 한국어능력시험을 치릅니다. 한국어를 얼마나 알아듣고 구사하는지에 대한 평가로, 이때 우리나라의 문화에 대한 이해나 국민 정서에 대한 교육은 빠져 있습니다.

결혼을 통해 우리나라에 정착한 다문화 가정의 경우는 이보다 더 심각한 문제를 안고 있습니다. 그들은 한국이란 나라에 대한 이해는 물론이고 말 한 마디 못하는 상태에서 우리나라로 옵니다. 그들이 낯선 이 땅에서 겪게 될 언어문제, 문화적 충돌은 말하지 않아도 짐작이 됩니다.

물론 정부에서 그들을 위해 정책을 만들고 각 지방자치에서 그들을 위한 축제를 제정하는 등 각종 활동을 펼치고는 있지만 일회적인 행사로는 근본적인 문제를 해결할 수 없습니다. 그들이 우리 사회의 구성원으로서 쉽게 적응할 수 있도록 일상에서 해결책을 찾아야 합니다.

외국인들이 우리나라의 실정을 알고 공감대를 형성하도록 돕는 일에 가장 쉬우면서도 효과가 큰 것이 텔레비전 자막입니다. 텔레비전에서 뉴스가 나오고, 드라마가 나오고, 각종 버라이어티가 펼쳐져도 외국인들은 언어를 모르기 때문에 소외될 수밖에 없습니다. 그들이 우리나라의 언어와 문화, 정서를 이해하기까지는 오랜 시간이 필요한데 텔레비전이란 미디어를 통하면 그 기간을 단축할 수 있습니다.

다민족이 살고 있는 유럽 등지에서는 이미 텔레비전 방송에 다언어 자막을 넣어서 시청자가 선택하여 볼 수 있도록 하고 있습니다. 외국어 공부를 하고 싶은 사람이라면 다른 나라의 언어를 선택해서 볼 수도 있으므로 자국민들은 자연스럽게 외국어 공부를 할 수 있는 기회를 갖게 됩니다. 한류 열풍이 세계를 휩쓸고 있는 지금, 다언어 자막 방송을 한다면 별도로 번역을 해서 자막을 넣어야 하는 수고로움이 적어지므로 외국에 드라마를 수출하는 일도 수월해질 것입니다.

하지만 무엇보다도 가장 중요한 것은 우리나라에 정착해서 살고 있는 외국인들이 우리나라에 애착을 갖고 이질감 없이 살아갈 수 있다는 점입니다. 그들이 우리의 이웃이 되어 함께 세상을 만들어 갈 때 우리의 미래는 더욱 밝아질 것입니다.

전문가의 자세와 역할

저는 꽤 오랫동안 미디어 전문가로서 성과를 이뤄 왔습니다. 단순히 특정 분야의 학업적 성과가 아니라 미디어를 통해 대중과 소통하고 공감대를 형성하는 일에 노력했습니다. 관련 업무에서 전문가로 인정받게 되었다고 자부하고 있습니다.

1993년에는 국내 최초로 기자들이 현장에서 곧바로 노트북을 이용해 기사를 전송할 수 있는 시스템을, 1997년에는 국내 최초로 청각장애인을 위한 방송자막 서비스를 실시해 소수 약자를 위한 방송 서비스의 길을 열었습니다.

그리고 2000년에 접어들어 '독도'가 또다시 화제로 떠오를 즈음, '독도는 분명 우리나라인데 우리나라에서 인터넷을 사용할 수 없고 우리의 방송을 시청하지 못한다는 것은 말도 안 된다'는 생각이 들었습니다. 그래서 위성을 사용해 인터넷을 사용할 수 있도록 독도에 PC방을 만들고 '사이버독도 선포식'을 실시하였습니다. 그 결과 현재 독도에서도 육지에서와 마찬가지로 인터넷을 사용할 수 있으며, 위성방송 뿐만 아니라 다양한 채널로 데이터 방송을 시청할 수 있고, 화상회의 및 회의가 가능하게 되었습니다.

그것이 단초가 되어 사이버 독도와 관련한 각종 사업이 활성화되었고, 독도는 더 이상 외롭지 않은 섬이 되었습니다.

2004년에 독도 인터넷 사업을 KT에 인계했는데, KT가 2011년부터 독도 인터넷 요금으로 매월 2,300만 원을 징수한 것으로 알려지면서 이슈가 되었습니다. KT는 '독도 동도 등대 주변에 대형 위성전용 안테나를 설치한 뒤 11개 전용선로를 독도경비대에 공짜로 공급했으나 위성전용 통신탑 설치 등 투자비 문제가 있다'며 사용료를 징수하고 나선 것입니다.

그간 KT는 '독도를 지킨다'는 슬로건을 내걸고 독도를 배경으로 다양한 광고를 했으며, 이 광고를 통해 국민들로부터 '애국 기업'의 이미지를 얻을 수 있었습니다. 하지만 그런 것에 아랑곳없이 과다한 금액을 인터넷 사용료로 받고 있다니 이는 지탄의 대상이 될 만합니다.

소탐대실(小貪大失)이란 말이 있습니다. 작은 이익에 급급하다 보면 마침내는 큰 것을 잃게 됩니다. 독도는 대한민국의 자산이고 KT가 소유한 위성의 궤도는 대한민국의 자원인 공공재입니다(위성 궤도는 국제협의에 의해 국가별로 정해져 있습니다). KT는 원가로 따지면 얼마 되지도 않는 독도 인터넷 사용 요금을 과다 부과한 것에 대해 사과하고, 기업의 사회적 책임을 되살려 기존의 방식대로 무료로 서비스함으로써 기업의 이미지를 계속 이어 가야 합니다.

감사합니다. 이제 또 다른 시작입니다.

정치든 경제든 그 기저에는 국민이 있습니다. 국민이 편안하고 행복하게 잘살 수 있도록 하는 사람이 정치 잘하는 사람이고 경제를 잘 이끄는 사람입니다. 밥그릇 싸움에 열을 올리고 자기 목소리 키우는 데 앞장서는 사람은 대표로서의 자격이 없습니다. 회의장을 벗어나 국민의 삶 속에 뛰어들어 국민 삶의 질이 어떠한지를 살피는 것이 정치인의 가장 기본자세입니다.

2010년 여름 대한민국을 깜짝 놀라게 한 사건이 있었습니다. 대한민국에서 재정 자립도가 가장 높다고 자랑하던 성남시가 '모라토리움'을 선언한 것입니다.

저는 2006년부터 2010년까지, 성남시 시의원으로 경제 그리고 행정기획위원회에 소속돼 있으면서 성남시 예산안 검토와 세입 세출에 대해 집중적으로 분석하였습니다. 그때 이미 시 세입 세출에 대한 문제점을 발견하고 지속적으로 지적하면서, 대안으로 세입의 안정화와 지역경제 활성화를 위해 우수기업을 적극 유치해야 한다는 주장을 펼쳤습니다. 그 예로 EBS와 아리랑TV, 케이블TV협회 공동으로 미디어 타운을 조성하자고 제안했으나 성남시에서 거부하여, 결국 EBS는 고양시, 케이블TV협회 디지털센터는 김포시에서 유치하게 됐습니다. 문제점을 지적하는 것보다 더 중요한 것은 대안책을 마련하고 실제적인 방향을 모색하는 것이라는 신념에 따른 행동이었지만 수용되지 않아 지금도 안타깝게 생각하는 부분입니다.

2009년은 제게 뜻 깊은 한 해였습니다. 성남시 2,500여 공직자 직장협의회에서 선정한 '우수 시의원상'을 받았으며 성남사회단체연대회로부터 '우수 시의원'으로 선정되었기 때문입니다. 소신을 갖고 시민 편에 서서 활동을 펼치고는 있었지만 늘 '이것이 최선이었나' 하는 고민에 빠져 있던 제게 좋은 채찍이자 당근이 된 계기였습니다.

시민이 주신 그 상은 시민과 소통을 잘했다는 칭찬이었기에, 저로서는 그 무엇보다 값진 성과였습니다. 아마도 구태의연한 일방적 소통을 고수했더라면 시민의 소리를 듣지 못했을 것입니다. 남들보다 빠르게 그리고 보다 개방적으로 소통의 창구를 열고 양방향 소통에 매진했기에 그것을 인정받은 것이라고 생각합니다.

그러나 이제 시작에 불과합니다. 미디어가 획기적으로 발전하고 있으며 그 앞날이 더욱 기대되는 것처럼, 저는 시민의 앞날을 밝히기 위한 획기적인 시작을 준비하고 있습니다. 그 첫발을 내딛는 자리에 분명히 국민이 함께할 것이며, 늘 국민을 위해 눈과 귀를 열어 놓을 것입니다.

달려가겠습니다. 지켜봐 주십시오.

불곡산이 바라다 보이는 서재에서
홍석환

Contents

갈팡질팡
미디어에
고함

추천의 글

프롤로그

CHAPTER 01
펑펑 터지고 콸콸 쏟아지는 미디어 세상

CHAPTER 02

정치의 시녀가 될 것인가,
정치의 반려자가 될 것인가

CHAPTER 03
심폐소생술이 필요한 미디어

펑펑 터지고
콸콸 쏟아지는
미디어 세상

소셜미디어는 소통을 위한 문이자
언어가 되었습니다.
그리고 사람들은 끊임없이
소통하길 원하고 있습니다.

1
미디어는
살아있다

현대인의 반려자,
미디어

그리스로마 신화에 등장하는 올림포스 12명의 신을 기억하는 사람은 많지 않지만 "헤르메스"를 기억하는 사람은 꽤 있을 것입니다. 흔히 신들의 전령으로 알려져 있으며 발명가요, 지혜로운 책략가이자, 영혼의 안내자인 헤르메스는 신화의 곳곳에서 중요한 활약을 합니다.

헤르메스의 활약처럼, 시간과 공간을 초월해서 정보를 이동시켜 주는 것, 이쪽에서 다른 쪽으로 어떤 작용을 전달하는 것을 '미디어'라고 합니다. 친구와 편지를 주고받으면 종이가 미디어고, 전화를 하면 전화기가 미디어, 채팅을 하면 인터넷이 미디어, 만나서 이야기를 하면 공기가 미디어가 될 수 있습니다

그러나 현대사회에서는 말하는 미디어는 '매스미디어'를 뜻하며, 의미와 역할이 훨씬 폭넓어졌습니다.

매스미디어(mass media)란 mass(대중적인)+media(매체)를 말하는데, 사전적인 의미 그대로 풀어 보면 '불특정의 모든 대상에게 대량의 정보를 전달하는 매체'라고 할 수 있습니다. 예를 들어 커뮤니케이션 수단이 되는 신문 · 잡지 · TV · 라디오 · 영화 · 방송 · 통신 등이 '매스미디어'이며, 우리말로 '대중매체'라고 해석합니다.

미디어는 특성상 시대를 가장 빠르고 올바르게 반영하는 매체입니다. 그리고 파급력이 뛰어나서 동시대인들이 동일한 정보를 동시에 공유할 수 있습니다.

예전에는 큰 것이 작은 것을 잡아먹는 시대였지만 현대는 빠른 것이 느린 것을 잡아먹는 시대가 되었습니다. 그만큼 현대는 속도가 중요한 시대입니다. 이를 반영하여, 미디어도 치

열한 속도전을 벌이고 있습니다. 그리고 시간과 공간의 제약을 극복하기 위해 '언제, 어디서든'이란 구호를 외치며 사람들의 곁을 잠시도 떠나지 않고 있습니다. 우리 곁에서 같이 숨쉬고, 대화하고, 정보를 나누는 반려자가 된 것입니다.

이렇게까지 우리 삶에서 중요한 자리를 차지하고 있는 미디어는 왜, 누구에 의해 생겨난 것일까요?

기본적으로 인간은 다른 누군가와 관계를 맺고, 소통하고, 교감하며 살아가는 존재입니다. 인간 문명의 발달은 그러한 과정에서 이루어졌습니다. 그러다 보니 멀리 있는 사람과도 소통하고, 낯선 사람과도 교감하고, 시간에 구애 받지 않고 관계를 이어가길 간절하게 바라게 되었습니다. 미디어는 바로 이러한 인간의 기본적인 욕구에서 비롯된 것입니다.

원시적인 형태의 미디어를 포함한다면 미디어의 역사는 인간의 역사와 같다고 말할 수 있습니다.

부족시대에 인간들의 커뮤니케이션은 제스처나 뜻 없는 소리였을 것입니다. 그러다가 이것을 후손에게 남기기 위해 그림을 그리기 시작하였습니다. 동굴벽화, 암각화가 여기에 해당합니다. 그러다가 언어가 등장하면서 좀 더 분명하게 의미를 전달하고 과학적인 커뮤니케이션이 가능하게 되었습니다.

하지만 말은 한번 입 밖으로 나오면 그대로 사라지기 때문에 시간과 공간의 제약을 받을 수밖에 없었습니다.

그래서 인간들은 5천여 년 전에 이러한 제약을 뛰어넘을 수 있는 문자를 발명했습니다. 문자가 생겨나면서 자연스럽게 인쇄물에 대한 욕구가 생겨났고, 15세기 접어들어 독일인 구텐베르크에 의해 인쇄술이 발명되었습니다. 인쇄술의 발명은 미디어 발전 역사상 획기적인 전환점이 되었습니다.

그러나 이미 구텐베르크보다 78년이나 앞서서 우리나라에서 먼저 금속활자가 발명되었습니다. 그러나 당시 우리나라와 세계의 교류가 적었기 때문에 그것이 알려지지 않았습니다.

하지만 1997년에 베를린에서 열린 G7 회담에서 미국의 부통령이던 고어(Gore)가 "금속활자는 한국이 세계 최초로 발명하고 사용했지만, 인류 문화사에 영향력을 미친 것은 독일의 금속활자이다"라면서 직지심경이 세계 최초의 금속활자임을 인정했습니다.

이후 인쇄 기술 발달과 더불어 여러 매체가 등장하여 진화를 거듭했고, 현재 우리의 생활과 밀접한 관계를 맺으며 영향을 미치고 있습니다.

이처럼 인류는 자신의 의사를 전달하고 기록하며, 그것을 타인과 공유하고, 그에 대해 평가 받기 위해 노력해 왔습니다. 초기에는 기호와 언어, 문자를 통해 의사를 전달하고 기록을 남겼지만 점차 매체, 즉 매스미디어라는 도구를 이용하게 되었습니다. 미디어의 발달은 예측하기 힘들 정도로 비약적인 발전을 이루고 있는데, 앞으로는 인간의 몸 자체를 매체로 삼는 세상이 펼쳐지지 않을까 짐작해 봅니다.

사람은 미디어를 만들고 미디어는 사람을 만든다

사회가 거대해지고 복잡해짐에 따라 사람들은 보다 많은 사람들에게, 보다 많은 정보를, 보다 빠른 시간에 전달할 필요성과 보다 효율적인 정보 전달 기술을 이용하려는 욕구를 갖게 되었습니다. 이러한 욕구는 산업사회와 함께 등장한 커뮤니케이션 기술의 획기적인 발달로 인하여 인쇄매체→전파매체→뉴미디어의 길을 개척해 왔음을 알 수 있습니다.

  미디어 기술의 발달 속도가 하루가 다르게 빠르게 진행되고 있음을 나타내기 위하여 슈람(Wilbul Schramm, 1981)은 100만 년 간의 인류 역사를 하루 24시간으로 설정하고 각각의 미디어 기술이 발명된 시기를 24시간으로 환산하였습니다.

그 결과 문자가 쓰이게 된 시각은 21시 33분, 인쇄매체의 시작을 알리는 금속활자가 발명된 시각은 23시 59분 14초, 방송매체의 발명을 알렸던 라디오의 발명은 23시 59분 53초, 텔레비전의 경우는 23시 59분 56초로 나타났습니다. 이렇게 볼 때 문자시대에서 인쇄매체시대까지는 2시간 26분 14초, 인쇄매체시대에서 방송매체시대까지는 39초 그리고 방송매체인 라디오에서 텔레비전 발명까지는 3초로, 이후 뉴미디어의 대표적 수단인 인터넷, SNS 등의 발명은 얼마나 걸릴까 생각해 보면 미디어 기술의 발전이 얼마나 빨리 이루어지는지 실감할 수 있습니다.

신문 │ 가장 전형적이며 오래된 미디어인 신문은 커뮤니케이션의 산 증인이자 역사라고 할 수 있습니다. 신문은 기록성과 보존성이라는 면에서 큰 특징을 갖습니다. 전파광고가 순식간에 소멸되는 단점이 있는 반면, 신문은 오래 보관이 가능하고 언제든지 다시 꺼내 읽을 수 있으며 필요한 부분을 오려서 취합할 수 있다는 장점이 있습니다.

불과 20여 년 전만 해도 아침에 일어나서 가장 먼저 하는 일이 신문을 펼쳐 드는 일일 만큼 신문은 현대인들의 아침을 여는 필수 정보지였습니다.

그러나 전파매체가 등장하면서 신문은 '전근대적인 매체'라는 오명을 씻지 못하고 새로운 매체에 밀려 뒷방 늙은이가 돼 버렸습니다. 텔레비전을 틀면 CNN이나 YTN에서 하루 종일 뉴스 방송을 내보내며 신문보다 빠르게 소식을 전해 줍니다. 방송매체에서 주요 이슈를 심층 취재해서 보도하는 내용은 신문이 가지고 있는 심층성, 상보성도 크게 위협하고 있습니다.

더욱이 컴퓨터와 통신이 결합된 방송미디어, 첨단 뉴미디어가 등장하면서 신문이 갖고 있던 정보의 다양성, 전문성, 선택성은 빛을 잃었고 오히려 정보량의 제한성, 인쇄와 배포 과정에서 나타나는 시간 지체 현상은 극복할 수 없는 문제로 남았습니다.

이제는 많은 사람들이 신문을 펼쳐 드는 대신 커피 한 잔 들고 컴퓨터 앞에 앉아 인터넷에 접속해서 실시간 올라오는 뉴스를 점검합니다. 1분 단위도 아닌 몇 초 단위로 올라오는 뉴스는 정치, 경제, 사회는 물론 스포츠, 연예와 관광지, 요리, 맛집, 실용 정보까지 다양한 구색을 갖추고 있습니다. 인터넷은 신문은 물론 잡지의 기능까지도 대체하고 있습니다.

그래서 신문은 인쇄매체로서의 특성을 버리고 새로운 매체와의 타협점을 찾아, 인쇄 신문과 더불어 온라인 형태의 신문을 함께 제공하는 방식을 채택했습니다. 그것이 바로 전자신문입니다. 전자신문은 인쇄매체 제작 과정을 거치지 않기 때문에 속보성을 확보할 수 있고, 더 많은 정보를 서비스할 수 있으며, 독자와 기자들이 수시로 의견을 교환할 수 있는 피드백 기능이 강화되었다는 장점이 있습니다. 또한 텍스트와 그래픽, 영상과 음향을 자유자재로 내보낼 수 있는 특징도 갖게 되었습니다.

전자신문과 같은 새로운 양식의 신문은 기존 신문과의 보완 관계에서 벗어나 점차 대안적인 위치로 발전한 좋은 사례로 볼 수 있습니다. 하지만 더 이상 신문을 '인쇄매체의 대표주자'라고 말할 수 있을지는 의문입니다.

라디오 | 1920~30년대 등장한 라디오는 사회 · 문화적으로 다양한 변화를 불러일으켰습니다. 특히 1930년대에 라디오의 보급이 급속도로 확산되고 매스커뮤니케이션 시대가 활발하게 이루어지면서 사람들은 정치적 · 사회적 · 문화적으로 생활양식의 변화를 겪게 되었습니다.

하지만 라디오의 영화는 오래 가지 못했습니다. 텔레비전이 등장하면서, 소리에 의존하던 라디오는 영상과 소리를 이용하는 텔레비전 매체에 타격을 입고 휘청거렸습니다. 사람들은 곧 라디오가 사라질 것이라고 장담했습니다.

하지만 라디오는 신문과 달리 자체적인 변화를 모색하고 발전시켜, 우려와 달리 하나의 매체로 현재까지 살아남았습니다. 그것은 라디오만이 갖고 있는 특성을 더욱 부각시킨 결과였습니다.

우선 라디오는 편지, 엽서, 문자 등을 통해 상호 간의 커뮤니케이션이 가능하다는 특징이 있습니다. 청취자는 방송국에 전화를 걸어 방송에 참여할 수 있고, 사연을 편지로 적어 보냄으로써 자신의 일이 전파를 타고 전국에 방송되는 짜릿한 경험을 할 수 있습니다. 라디오라는 미디어가 자신을 위한 방송이라는 느낌을 갖게 되는 것입니다.

또 하나의 특성은, 텔레비전이라면 얼굴이 드러나므로 당연히 꺼리는 고민 상담 혹은 사적인 사연도 라디오에서는 공개가 가능하다는 것입니다. 익명이 보장되기 때문에 보다 솔직해질 수 있으며, 진행자와 다른 청취자들 또한 진지하게 고민을 상담할 수 있습니다. 이러한 장점은 마치 라디오가 '쌍방향 매체'라는 환상을 갖게 하였습니다.

또한 라디오는 소리만을 전달하는 매체이므로 다른 일을 하면서도 청취가 가능하다는 장점이 있습니다. 라디오는 집안일을 하면서, 직장에서 작업을 하면서, 운전을 하면서도 들을 수 있으며, 단순 작업을 반복할 때는 오히려 활력소로 작용합니다. 그래서 라디오를 '주변매체'라고 부르는 것입니다.

뉴미디어가 등장하면서 라디오는 디지털 방송을 내보내기 시작했습니다. 보다 깨끗한 음질, 빠른 속도를 위해 광케이블을 이용하고, 위성을 통해 송출을 하는 등 형태와 기능을 향상시키기 위해 노력했습니다.

그리고 무엇보다 가장 중요한 것은 인터넷과 라디오의 결합입니다. 인터넷이라는 뉴미디어를 통해 이미 거의 모든 공중파 라디오 방송국들이 전파 방송을 디지털 신호로 바꾸어 웹

상에서 실시간으로 청취할 수 있도록 서비스하고 있습니다.

이러한 공중파 라디오 방송들이 인터넷을 통해 '디지털 중계'를 하고 있는 데 반해, 순수 웹 방송국들이 하나 둘 생겨나고 있습니다. 웹을 베이스로 한 소규모 개인 라디오 방송국을 비롯해서 거대 음반 제작사가 운영하는 방송국까지 매우 다양한데, 웹 방송을 통해 일방적으로 정보를 받기만 했던 개인들이 스스로 정보를 만들어 제공하는 프로슈머의 입장에 설 수 있게 되었습니다.

텔레비전 | 텔레비전의 발명은 구텐베르크가 인쇄술을 발명한 이래 가장 혁신적인 미디어의 발명으로 인정을 받았으며, 대부분의 현대인들은 아직도 텔레비전을 통해 많은 정보를 얻고 세상을 배웁니다. 텔레비전 뉴스는 정치 여론을 형성하는 데 가장 중요한 매스미디어로 자리를 잡은 지 오래고, 시청자들은 사회에서 일어나는 각종 사건과 사고에 대한 정보를 얻습니다.

텔레비전은 성별, 지위, 나이, 종교, 빈부에 상관없이 누구나 즐길 수 있다는 점에서 가장 친숙하고 보편적인 매체가 되었습니다. 텔레비전은 이미지 중심의 매체로, 시간과 공간의 제약 없이 시청자에게 생생한 현장의 상황을 그대로 전달합니다.

하지만 텔레비전은 방송 시간에 제약을 받기 때문에 신문에 비해 심층 보도가 어렵다는 단점이 있으며 여전히 피드백이 온전히 이루어지지 않는다는 불완전한 요소를 갖고 있습니다. 또한 신문과 다르게 방송은 기록성이 낮아서 최근까지도, 생방송의 기회를 놓치면 재방송을 기다려야 한다는 단점이 있었습니다. 그러나 이것은 녹화 기술의 발달, 케이블TV의 등장, 뉴미디어와의 결합을 통해 많이 해소되었습니다.

텔레비전 또한 뉴미디어와의 경쟁에서 살아남기 위한 자구책으로 디지털 방송을 준비하였습니다. 디지털 텔레비전 방송이란 영상과 음성을 디지털 신호인 0과 1의 조합으로 바꾸어 이를 압축해서 내보내는 방식을 말합니다.

우리나라에서도 2012년 12월 31일이면 지상파 아날로그 TV방송이 종료되고 디지털 TV방송이 전국의 가정으로 송출됩니다. 본격적으로 디지털 방송이 시작되면 다매체, 다채널이 가능해지고 시청자들의 기호에 맞게 전문화·세분화된 방송 서비스를 할 수 있습니다.

뭐니 뭐니 해도 방송의 가장 큰 변화는 통신과의 융합(convergence) 서비스입니다. 방송이 통신과 만나면서 그간 구현했던 일방적인 전달에서 벗어나 양방향 소통이 가능해졌습니다. 그리고 시간과 공간의 제약에서 벗어날 수 있게 되었습니다.

    융합은 기술적으로 디지털기술의 혁신적 발전에 의해 콘텐츠의 생산·가공·전달·소비의 전 과정에서 전달네트워크와 정보기기의 장벽이 없어지면서 상호연동(inter-operation)이 가능하게 되었습니다. 소비자는 매우 다양하면서 복잡해진 기존의 서비스들을 결합함으로써 좀 더 쉽고 다양한 기능을 요구하고 사업자들은 가치사슬을 통합하여 비용을 절감하고 경쟁력을 강화하여 새로운 시장을 개척하고자 하고, 정부는 기업들의 이러한 혁신 활동이 가능하도록 규제 완화를 통해 경쟁을 활성화시키고 소비를 증가시키려 합니다.

    예를 들면, KT는 더 이상 이전처럼 전화를 가정마다 공급해 주던 통신사업자가 아닙니다. 지역의 케이블 사업자 또한 이전에 텔레비전이 잘 나오게 해 주던 방송사업자가 아닙니다. KT는 통신망인 전화선을 이용하여 IPTV라는 방송서비스를, 케이블TV사업자는 집집마다 설치한 동축케이블 방송망을 이용하여 통신서비스인 인터넷 사업을 하고 있습니다. 또한 스마트TV의 경우 TV 안에 인터넷 검색 기능을 갖추었고, 스마

트폰은 전화와 방송을 함께 시청하는 디바이스로 변한 지 오래입니다

따라서 융합의 형태는 산업(industry), 전달망(network), 소비자의 단말기(device)에서 급속하게 진행되고 있음을 알 수 있습니다. 우리나라뿐만 아니라 세계 시장에서 한류 열풍을 불러일으켰던 드라마 〈대장금〉이 아시아 전역에 수출되어 드라마로 방영되었을 뿐만 아니라 DVD, 연극 등 다양한 형태로 소비자와 만나게 되었습니다. 이러한 현상을 OSMU(One Source Multi Use)라고 합니다.

이러한 융합은 기존의 방송산업과 통신산업의 전통적 수직적 가치사슬이 무너지고 방송 콘텐츠와 통신 콘텐츠의 미디어 융합, 방송 네트워크와 통신 네트워크의 네트워크 융합, 방송 단말과 통신 단말간의 기기 융합에 따라 수평적 통합이 이루어지고 있습니다. 방송통신의 발전 가운데 산업과 산업이 융합되는 것은 당연하면서도 고마운 일입니다.

방송과 통신의 융합을 가장 잘 구현한 새로운 미디어는 바로 DMB입니다. DMB(Digital Multimedia Broadcasting)는 멀티미디어 신호를 디지털 방식으로 만들어 휴대폰과 차량용 수신

기에 제공하는 방송 서비스를 말합니다. DMB의 등장으로 디지털 텔레비전 방식의 이동 수신 결점을 보완할 수 있었으며 휴대폰 단말기를 통해 지하철, 터널, 고속 이동 차량 등에서도 서비스를 할 수 있게 되었습니다. DMB 또한 자체 방송을 마련함으로써 시청자와의 피드백과 관련한 요소를 강화해 나가고 있습니다.

최근에는 금융과 통신의 융합으로 모바일 뱅킹, 통신과 자동차산업의 융합으로 내비게이션 등의 텔레매트릭스(Telematics), 통신과 의료산업의 융합에 의한 원격의료(Telemedicine) 등 다양한 분야에서 융합이 이루어지고 있습니다.

2
어제의 상상이
오늘의 현실이 되다

현실에 펼쳐진 꿈의 세계

합천 해인사에 가면 유네스코 지정 세계기록유산이자 우리나라의 국보인 팔만대장경판이 있습니다. 현재 남아 있는 경판은 8만 1,258장인데, 이는 8만 4,000번뇌에 해당하는 법문을 적은 것이라고 합니다. 고려시대, 몽고군의 침입으로 많은 백성이 목숨을 잃고 민심이 흉흉해지자 몽고군의 침입을 불교의 힘으로 막아 보자는 뜻에서 만든 것입니다.

해인사는 세월이 흐르면서 팔만대장경판이 부식되고 각종 해충으로부터 공격받거나 오염되는 일이 없도록 하기 위해 올해를 기점으로 향후 100년 간 외부인에 공개하지 않기로 했다고 합니다. 그 이유는 팔만대장경판이 목판이기 때문입니다.

목판은 일일이 손으로 깎아 만들어야 한다는 어려움도 있지만 경판으로 문서를 찍어내는 횟수에도 한계가 있고 이처럼 보관에도 문제가 많습니다. 그러나 금속활자가 개발되기 전에는 일일이 필사를 하거나 목판에 새겨 찍어내는 게 인쇄 기술의 전부였습니다.

그러다가 금속활자가 만들어지고 인쇄술이 발명되면서 미디어의 획기적인 발전이 이루어졌습니다. 보다 쉽고 빠르게 대량의 인쇄물을 만들어 배포할 수 있다는 것은 그만큼 지식과 정보를 여러 사람 혹은 후세에까지 남겨 교류할 수 있다는 것입니다. 인쇄술이 발명된 당시, 사람들은 꿈같은 세상이 펼쳐졌다고 감탄을 했습니다.

그러나 이것은 시작에 불과했습니다. 20세기와 21세기, 미디어는 라디오와 텔레비전을 비롯한 전파매체의 발명과 더불어 현실과 공상을 넘나드는 단계에까지 눈부신 발전을 이뤄왔습니다.

텔레비전은 2D를 넘어서서 3D를 구현했으며 4D를 향해 달려가고 있습니다. 다시 말해, 화면에서 평면을 통해 시청하던 것을 입체 영상으로 즐길 수 있게 된 것입니다. 그간 입체영상은 영화관에서나 볼 수 있는 것으로 생각했지만, 기술 발달로 텔레비전 안에 입체 영상을 구현할 수 있게 되었습니다.

작년에 개봉해 화제가 되었던 아바타 4D는 비행기가 날아갈 때마다 얼굴로 바람이 몰아쳤고, 폭탄이 터질 때는 영화관 의자의 등판이 발길질을 해댔으며, 주인공이 물에 풍덩 빠질 때는 어디선가 물방울이 튕겼습니다. 화살이 날아오는 장면에서는 귓전으로 휙휙 스치는 바람이 영화를 더욱 실감 나게 만들었습니다.

전파매체라고는 하지만 음성조차 녹음되지 않아 무성영화로 제작되어 자막을 통해 보던 것이 이제는 현실에서 오감을 총동원해 느낄 수 있는 영화로 제작되고 있으니 가히 놀랄 만한 발전입니다.

미디어는 현실과 밀접한 관계를 가지고 현실을 반영하지만, 미디어가 가진 상상의 세계는 현대 과학기술을 선도해 왔습니다. 실제로 영화 속에 등장했던, 상상으로만 가능했던 첨단 기술들이 현실화된 경우가 꽤 있습니다.

지난해 개봉했던 SF영화 '트론 : 새로운 시작(Tron: Legacy)'

에 나왔던 오토바이가 현실에 등장했습니다. 야간 오토바이를 제작해 판매하던 미국의 한 회사가 최근 이를 보완해 판매하기 시작한 것입니다. 이 오토바이에는 트럭 바퀴가 장착돼 있으며, 4개의 엔진으로 시속 193km의 속력을 낼 수 있고, 바퀴와 본체 부분이 야광으로 빛나는 특징이 있습니다. 이 오토바이를 탈 때는 영화 속 주인공처럼 배를 엔진 부분에 붙여 수평 상태로 타야 한다고 합니다.

어둠을 가로질러 빛의 여운을 남기며 쏜살같이 내달리는 오토바이, 커다란 바퀴로 무장을 해서 웬만하면 쓰러지지도 않고 다른 오토바이와 부딪쳐도 끄떡없는 오토바이가 어느 날 강남대로 한복판을 질주할지도 모릅니다.

어릴 적, 아침에 일어나 "엄마, 나 꿈을 꿨는데, 꿈속에서 막 하늘을 날아다녔어요"라고 말하면 어른들은 "개꿈이구나" 혹은 "키 크려고 그러는 거야" 하고는 궁둥이를 토닥토닥 두드려 주셨습니다.

하지만 영화 '아이언맨'에서 아이언맨이 하늘을 종횡무진했던 것처럼, 입기만 하면 하늘을 자유롭게 날 수 있는 수트가 발명되었습니다. 스위스에 살고 있는 전직 비행사가 발명한 이 수트는 실제로 알프스 상공을 약 10여 분 동안 비행하여 화제가 되었습니다. 이 수트의 무게는 약 55kg이고, 최고 속력은 시속 220km나 된다고 합니다. 하늘을 자유롭게 나는 인간 새의 등장, 영화 속 장면이 현실화된 획기적인 일입니다.

이제 아이가 커서 어른이 되었을 때쯤, 자신의 아이가 꿈 얘기를 하면 "하늘을 날고 싶구나? 오늘 아빠랑 같이 날아 볼까?" 하고 말하게 되지 않을까 싶습니다.

이밖에도 늘 우리의 상상력에서 맴돌기만 하던 하늘을 나는 자동차, 사람을 태우고 달리는 인조 다리, 최첨단 보안 장치 등도 개발 막바지에 있다고 하니 조만간 우리 앞에 모습을 드러낼 것으로 보입니다.

40년 전에는 집에 전화기가 있다는 게 신기한 세상이었고, 20년 전에는 휴대폰이라는 게 신기한 세상이었고, 10년 전에는 휴대폰으로 사진을 촬영하고 음악을 들을 수 있다는 게 신기한 세상이었습니다. 그러나 지금은 휴대폰으로 텔레비전을 시청하고, 인터넷 검색을 하고, 실시간으로 세계인과 글을 주고받을 수 있게 되었습니다. 다양한 애플리케이션을 활용해서 휴대폰으로 기타를 치거나 피아노를 연습할 수도 있습니다. 그리고 좀 더 편리한 미디어의 구축을 위해 새로운 형식을 융합하여, 진보된 형태의 매체 개발에 박차를 가하고 있습니다.

가능성의 한계에 도전하고 있는 휴대폰의 무한 변신이 기대됩니다.

도파민에 중독된 뇌

휴대폰이라 불리기보다 주로 스마트폰이라 불리는 뉴미디어의 발명으로 인해, 사람들은 좀 더 자극적이고 획기적인 개발에 관심을 갖게 되었습니다. 융합에 의해 스마트폰의 기능이 다양해지자 사람들은 '더' '더'를 외치며 조급해지기 시작했습니다.

워낙 짧은 기간 동안 스마트폰이 눈부신 발전을 해 왔기 때문에 거기에 가속도가 붙어 더 쉽게 진보할 것이라는 기대를 갖게 된 것입니다. 디지털카메라보다 고해상인 스마트폰 카메라, 캠코더보다 촬영이 편리하고 편집이 간편한 스마트폰, 무료로 문자를 주고받고 놀잇감이 돼 주는 스마트폰, 아침에 깨워 주고 약속 시간도 알려 주고 스케줄도 관리해 주고 음악도 들려주고……. 스마트폰의 변화무쌍한 진화에 푹 빠진 사람들은 중독된 듯 '최신폰'에 집착하기 시작했습니다.

인간의 뇌는 도파민이라는 호르몬에 의해 자극을 받는 순간 희열을 느낀다고 합니다. 그런데 이 도파민은 중독성이 강해서 똑같은 크기의 자극으로는 만족을 느끼지 못하기 때문에, 자꾸만 더 강렬하고 과격한 자극을 원합니다.

예를 들어 1천만 화소 카메라가 장착된 스마트폰이 발명됐을 때, 그보다 더 큰 만족을 주려면 1천만 화소를 훨씬 뛰어넘는 기능을 가진 스마트폰이 등장해야 한다는 것입니다. 동등한 1천만 화소의 스마트폰으로는 기쁨을 줄 수 없습니다.

이러한 사람들의 요구는 개발자들을 자극했습니다. 그래서 소비자의 기호에 맞는 새로운 기능 개발을 위해 다양한 시도를 하고 있습니다. 손목에 찰 수 있는 곡선 모양의 휴대폰, 자유자재로 구부러지고 접을 수 있는 휴대폰, 교통카드처럼 얇은 휴대폰, 고온에서도 견딜 수 있는 휴대폰 등 "얇고 가벼우면서 자유자재로 구부릴 수 있는 혁신적 기술로 기존 IT제품 디자인의 한계를 뛰어넘을 것"이라는 목표 아래 세계 시장을 겨냥한 행보를 서두르고 있습니다.

물론 이러한 외형적인 성장 외에 내적인 기능 강화에도 심혈을 기울이고 있습니다. 키패드를 누르는 방식에서 터치 방식으로 진화한 이후 모션만으로 전화를 주고받는 시대에 이르렀습니다. 그리고 드디어 아이폰4S가 출시되면서 음성으로 전화를 걸고 문자를 보낼 수 있는 시대가 왔습니다.

애플 아이폰4S가 발표된 본사 기자회견장에서 애플 수석 부사장인 필 실러는 '아이폰4S에서 가장 획기적인 기능은 음성 인식 기능인 '시리(Siri)'다. 이제 사람들은 전화를 걸기 위해 마이크를 찾게 될 것이다'라고 말했습니다.

아이폰4S의 홈버튼을 길게 누르고 말을 건네면 사용자의 음성을 인식해 휴대폰이 반응을 합니다. 날씨나 주식에 관한 질문에는 해당 애플리케이션을 작동하거나 연락처 및 개인 일정을 알려주는 식입니다. 현재는 베타 버전으로 영어, 프랑스어, 독일어만 지원하고 있지만 조만간 한글 서비스도 지원되리라고 봅니다.

사람들의 기대감을 만족시켜 줄 만한 기술 개발이 여기까지일까요? 아닙니다. 개발자들은 끊임없는 노력을 통해 좀 더 새로운 것으로 소비자의 흥미를 유발해 나갈 것입니다. 현재 아이폰4S의 시리가 시장의 주목을 받는 이유는 단순히 음성을 인식한다는 데 있지 않습니다. 시리는 사용자가 던지는 질문의 의미와 맥락까지 파악한 뒤 거기에 응답하는 수준에 도달했다는 평가를 받고 있습니다. 즉, 인공 지능을 갖추었다는 뜻입니다.

아직까지 정밀한 수준에 이르지는 못했지만 마침내는 스스로 생각하고 판단하는 능력을 갖춘 스마트폰이 등장하여 삶의 질을 더욱 높여 주리라고 기대해 봅니다.

3
뉴미디어 시대를
살아가다

커뮤니케이션의 폭을 넓힌 뉴미디어

신문이 처음 등장했을 때, 라디오가 처음 주파수를 송출했을 때, 텔레비전이 흑백 시대를 거쳐 컬러시대로 이어오면서, 사람들은 그때마다 새로운 미디어의 탄생에 입이 떡 벌어졌을 것입니다. 이것이 최신 미디어라고, 더 이상의 발명품은 없을 것이라고 생각했을 것입니다. 하지만 그때마다 미디어는 놀라운 모습으로 변신을 거듭하며 다시 나타났고, 사람들은 새로운 미디어에 대해 열광을 했습니다.

어제까지 뉴미디어라고 각광 받던 매체라 하더라도 오늘 새로운 매체가 등장하면 그 매체에 뉴미디어의 자리를 내줘야 합니다. 이렇듯 뉴미디어란 특정 미디어를 지칭하는 것이 아니라 상대적인 시점에서 가장 최신의 미디어를 말합니다.

개념적으로 볼 때 뉴미디어는 기존의 미디어보다 상대적으로 더 새롭고 진보된 미디어를 뜻할 수도 있고 기존의 미디어와는 완전히 다른 혁신적인 미디어를 뜻할 수도 있습니다. 전자의 경우는 미디어를 진화론적 관점에서, 후자의 경우는 혁명론적 관점에서 판단할 수 있습니다.

미디어 기술의 발달은 단순히 새로운 형태의 미디어가 등장했음을 알리는 것이 아닙니다. 신문, 라디오, 텔레비전 순으로 새로운 형태의 미디어가 등장했지만, 종전과 다른 신기술이 결합된 미디어의 등장 그 이상은 아니었습니다.

그러나 사전적 정의에 따르면 '뉴미디어란 새로운 컴퓨터 및 통신 기술을 결합하여 종전과 전혀 다른 형태의 정보 수집, 처리, 가공, 저장, 전송, 분배, 이용을 가능케 하는 미디어'라고 말할 수 있습니다. 뉴미디어는 일방적이고 획일적인 정보를 전달하는 역할에 그친 기존 올드미디어의 단점을 극복하고 양방향 소통을 하면서 다양한 정보를 제공하는 역할을 수행하고 있습니다.

그러므로 엄연한 의미에서 뉴미디어라 함은 텔레비전의 발명 그 이후, 컴퓨터와 통신기술의 발달과 더불어 융합한 새로운 매체라고 할 수 있습니다.

뉴미디어의 가장 큰 특징은 일방적인 전달이 아니라 양방향 상호 소통이 가능하다는 데 있습니다. 기존의 매스미디어는 송신자가 일방적으로 메시지를 보내고 수용자는 이를 수동적으로 받기만 하였습니다. 그렇지만 뉴미디어의 경우 인터넷에서 보듯이 메시지를 생산하는 사람과 이를 소비하는 사람 사이에 즉각적인 피드백이 가능하고, 정보가 양방향으로 유통되기 때문에 양자 간의 상호작용이 가능합니다.

양방향 상호 소통은 직접 만나 대화를 하거나 혹은 전화 통화를 해야만 가능한 일이었는데, 뉴미디어의 등장으로 일대 일은 물론 일대 다 혹은 다중과 다중이 커뮤니케이션 할 수 있게 되었습니다.

뉴미디어의 두 번째 특징은 동시에 이루어지지 않는다는 것입니다. 텔레비전의 경우 뉴스든 드라마든 똑같은 시간에 모든 수신자에게 동시에 전달됩니다. 그러므로 원하는 방송을 보기 위해서는 정해진 시간에 텔레비전 앞에 앉아 있어야 하는 불편함이 있었습니다.

그러나 VOD(Video on Demand) 등의 뉴미디어 기술이 개발하면서 개인이 원하는 시간에 프로그램을 볼 수 있게 되었습니다. VOD의 개발은 훨씬 수월하고 다양하게 정보를 수용할 수 있게 만들어 주었을 뿐만 아니라 프라임타임이나 피크타임 같은 개념도 그다지 중요하지 않게 만들어 버렸습니다.

정보의 통합성도 뉴미디어의 특징 중 하나입니다. 기존 미디어는 문자, 음성, 영상 그리고 데이터 등을 따로따로 신호로 전달하기 때문에 통합된 정보를 전달하는 게 불가능했습니다. 하지만 뉴미디어는 모든 정보들을 단일 신호 형태인 디지털 신호로 바꾸어 통합 처리, 가공, 저장, 전송할 수 있도록 하였습니다. 뉴미디어의 등장은 모든 미디어를 점차 멀티미디어(multi-media)로 만들어 가고 있습니다.

뉴미디어는 '다양성'과 '선택성'을 갖고 있는데, 이 말은 곧 다양하여 선택의 폭이 넓어졌음을 의미합니다. 커뮤니케이션 테크놀로지의 발달로 전파의 희소성이 사라지고 채널과 매체가 증가하면서 누구든지 다양한 정보를 선택할 수 있게 되었습니다. 수백 개의 채널과 다양한 형태의 매체가 등장하자 언제 어디서든지 자신이 필요한 정보를 이용할 수 있게 된 것입니다.

기존의 미디어는 채널이 제한되어 있고 선택의 폭도 넓지 않았으며, 주어진 채널 안에서만 선택할 수밖에 없었습니다. 그러나 뉴미디어는 선택의 폭을 넓히면서 적극적인 이용자를 양산해 냈습니다.

미디어 간의 융합은 뉴미디어를 더욱 돋보이게 하는 특징입니다. 생물학에서 말하는 유전공학과 미디어의 융합은 일맥상통합니다. 뿌리에는 무가 달리고 위에는 배추가 자라는 무추, 탐스럽게 열린 토마토 그 뿌리에 감자가 주렁주렁 매달린 토감이 화제를 불러일으켰던 것처럼, 미디어와 미디어의 융합은 매체 간의 구분을 무색하게 만들어 버렸습니다.

미디어의 융합은 디지털 신호 체계와 인터넷 등 새로운 네트워킹의 발달로 가능하게 되었습니다.

'언제 어디서든'이란 구호가 들어맞지 않는다면 그것은 뉴미디어라고 할 수 없습니다. 특히 이동하지 못하고 붙박이로 있어야 한다면, 그것이 아무리 뛰어난 발명품이라 해도 바쁜 현대인들에게 사랑 받기에는 2% 부족합니다. 현대인들이 열광하는 DMB, 인터넷, 휴대폰 등은 특히 이동성이 높은 매체들입니다.

젊은 층을 중심으로 야외 활동이 증가함에 따라 텔레비전도 집 밖으로 나섰습니다. 일명 테이크아웃TV(take out TV) 시대가 도래한 것입니다. 내비게이션과 스마트폰에 DMB 기능이 있어서 사람과 함께 텔레비전이 옮겨 다니는 것을 볼 수 있습니다. 집 밖에 있다고 해서 텔레비전 프로그램을 못 보게 되는 일은 없어진 것입니다.

뉴미디어는 대중화에서 벗어난 매체라고 할 수 있습니다. 기존의 매스미디어가 불특정 다수에게 무차별적으로 동일한 정보와 메시지를 전달한 데 반해 뉴미디어는 특정 집단 또는 선별된 특정인에게 필요한 메시지를 보낼 수 있습니다. 이것은 미디어가 송신자 중심에서 사용자 중심으로 변화한 것을 의미하며, 일대다 방식에서 일대일 방식으로 개인화·맞춤화된 것을 알 수 있습니다.

새로운 미디어 시스템은 사회적 지위와 학력, 남녀노소를 불문하고 원하는 누구나 누릴 수 있는 매체입니다. 그리고 원하는 정보를 평등하게 얻을 수 있습니다. 그리고 누군가를 특별 대접하는 일도 없습니다. 소위 계급장 떼고, 나이 불문하고 뉴미디어 앞에서는 동등한 '사람'으로 취급받습니다.

뉴미디어와 같거나
혹은 다른 뉴미디어

기존 미디어와 반대되거나 혹은 다양한 특징을 갖고 있는 뉴미디어는 전달 형태와 전달 방식에 의해 구분이 됩니다. 그 중 최첨단이면서 우리 생활에 밀접한 스마트폰은 그것 하나만으로도 멀티가 가능한 뉴미디어입니다.

뉴미디어이라 함은 인터넷과 문자메시지(모바일 미디어)를 포함합니다. 인터넷과 문자메시지 모두 다 기존의 매스미디어에 비해서 상호 작용이 가능하고, 정보가 통합되어 있으며, 다양성하고, 선택의 폭이 넓다는 특징을 갖습니다. 하지만 이 두 가지 뉴미디어 사이에 분명한 차이점이 있습니다.

인터넷과 문자메시지는 속도와 휴대성에서 차이가 있습니다. 여기서 말하는 '속도'라는 것은 작성자가 만든 정보가 다른 사람에게 전달되는 빠르기를 말합니다. 이 속도는 휴대성과 연관되어 있습니다.

예를 들어 인터넷을 이용해 친구에게 메일을 보낸 사람과 휴대폰으로 문자메시지를 보낸 사람의 경우를 보겠습니다. 인터넷 메일을 보냈을 경우, 보내는 사람이 친구에게 전화를 걸어 지금 방금 보냈으니 열어 보라고 말하지 않는 이상 친구가 메일을 확인하기까지 시간이 걸립니다. 만약 바쁜 일이 있어서 사나흘 동안 메일을 확인하지 못했다면 메일 내용이 전달되기까지 그만큼의 시간이 필요합니다.

하지만 문자메시지는 보낸 즉시 확인이 가능합니다. 특히나 요즘처럼 휴대폰을 신체의 일부로 여겨 잠시도 몸에서 떼지 못하는 경우라면 문자가 도착한 알림음을 듣자마자 재빨리 확인할 것입니다.

정보 전달 속도도 마찬가지입니다. 만약 컴퓨터 앞에 앉아 있지 않다면, 특정 정보나 글을 검색하고 있지 않다면 그 정보를 즉시 수령할 수 없습니다. 사실상 모든 사람들이 한순간에 똑같은 생각으로 똑같은 블로그에 가서 같은 행동을 하기란 불가능하므로, 똑같은 시간에 작성된 정보라 할지라도 그것이 전달되는 속도는 사람마다 다르다고 할 수 있습니다.

하지만 문자메시지의 경우는 다릅니다. 문자메시지는 지정

한 개인에게 직접 정보를 전달할 수 있으며 그것은 전화를 걸어서 말하는 것과 비슷한 속도입니다.

인터넷은 넘쳐나는 정보 중에서 필요한 것을 선택해야 하는 과제가 있습니다. 인터넷에 접속해 보면 정보가 데이터베이스처럼 축적되어 있습니다. 마치 현재인 것처럼, 현실인 것처럼 정보를 전달하고 있지만 사실 그것은 해묵은 정보일 때가 많습니다. 그래서 정보를 취합할 때 항상 올린 날짜를 함께 확인해야 합니다.

그리고 자신이 원하는 딱 맞는 정보를 찾아 그 많은 정보 더미를 일일이 들춰야 합니다. 홍수처럼 흘러넘치는 정보 속에서 무엇이 자신에게 필요한 정보인지 찾기가 힘들 정도입니다. 어쨌든 수고한 만큼 원하는 것에 가까운 정보를 얻을 수 있으면 필요하지 않은 정보는 취하지 않을 수 있습니다.

하지만 문자메시지는 다릅니다. 문자메시지 또한 자신이 원하는 정보를 얻기 위해 타인으로부터 도움을 요청할 수 있고 문자를 통해 정보를 받을 수 있습니다. 그러나 이것이 전부가 아닙니다. 휴대폰 사용자라면 누구나 공감하는 '스팸메시지'가 마치 공해처럼 따라붙습니다. 대부업체, 사행성 게임, 선정적인 사진과 야동 사이트 등 스팸으로 날아오는 메시지는 차단을 해도 해도 끝이 없습니다. 간혹 잘못 날아온 메시지 때문에 헛웃음을 지을 때도 있습니다.

이렇듯 문자메시지는 일방적으로 전달되기 때문에 수용자가 원하든 원하지 않든 작성자의 정보를 수령할 수밖에 없습니다.

인터넷과 문자메시지는 정보량에 있어서도 차이가 있습니다. 인터넷은 자신이 원하는 정보를 원하는 만큼 얻을 수 있으며 타인에게 제공할 수도 있습니다. 정보의 양이 방대하므로 그 가운데 양질의 정보를 취득할 수 있습니다. 그것이 그림이든, 사진이든, 동영상이든 다양한 형태의 정보를 구하거나 전달할 수 있습니다.다시 말해, 양적·질적으로 제한이 없습니다.

하지만 문자메시지는 양적·질적인 한계를 갖고 있습니다. 근래에는 2메가바이트 정도의 양까지 문자를 보낼 수 있다고 하지만, 인터넷에 비해서는 한없이 적은 양입니다. 질적으로도 제한이 있습니다. 현재 휴대폰을 이용해서 보내는 문자메시지는 글과 이모티콘, 그림, 사진 정도밖에 지원되지 않습니다. 동영상이나 방대한 양의 문서, 실시간 업그레이드가 필요한 정보를 얻기에는 좋은 수단이 아닌 것입니다.

조직성에 있어서는 문자메시지가 인터넷을 조금 앞섭니다. 인터넷은 대부분의 연락이 온라인으로 이루어지며 불특정 다수의 사람들과 게시판이나 블로그를 통해 마주치는, 조금 더 비조직적인 특성을 갖고 있습니다. 반면 문자메시지를 주고받는 대부분이 서로 잘 아는 사람이며, 항상 휴대하는 모바일에 그 사람을 저장하기 때문에 인터넷보다는 훨씬 더 조직적인 성격을 갖고 있습니다.

온라인을 만남의 중점으로 삼고 그를 통해 움직이는 인터넷과, 오프라인에서의 만남이 중점이고 그 이후 서로 정보를 전달하거나 친교의 목적으로 이용하는 문자메시지, 이것은 매체상의 차이라고 할 수 있습니다.

한편 문자메시지는 '간결성'이라는 재미난 특성이 있습니다. 사실 휴대전화 개발자들은 '간결성'이라는 특징으로 인해 문자메시지가 이렇게까지 커다란 매체로 성장하리라고는 예상하지 못했습니다.

휴대전화 통화에 필요한 대역폭 외에 남은 여분의 대역폭을 어떻게 활용하면 휴대전화 가입자들의 효용을 높일 수 있을까를 고민하다가 문자서비스를 생각하게 된 것입니다. 물론 이후 등장한 포토메시지나 장문메시지 기술은 문자서비스의 호응에 힘입어 새롭게 개발된 기술입니다. 하지만 문자메시지는 글자 수에 제한이 있기 때문에, 실제로 커뮤니케이션 매체로서의 기능을 제대로 수행하지 못할 것이라고 생각했습니다.

그러나 단순한 마케팅적 발상에서 시작된 기술이 대중의 사회적 상호작용 방식에 큰 영향을 끼치게 되었습니다. 문자메시지는 한 번에 보낼 수 있는 글자 수가 제한되어 있으므로 장황한 안부를 묻거나 신변잡기적인 수다를 떨지 못합니다. 그래서 예의상 주고받는 관습적인 대화를 버리고, 핵심만을 짧게 전달하며 소통합니다. 문자메시지의 간결성은 전파 낭비를 막는 차원에서 바라볼 수 있는 특성입니다.

여과 과정이 있느냐 없느냐 하는 것도 인터넷과 문자메시지의 차이점으로 손꼽힙니다. 이것은 '정보 선택'의 문제와도 연관이 있는데, 인터넷은 정보를 선택할 때 자신이 원하는 키워드를 포털 사이트의 검색 창에 입력하여 특정 분야의 정보를 취합니다.

예를 들면 연예인의 이름을 검색창에 입력하면 그 연예인과 관련된 수많은 기사와 카페, 블로그 등이 눈앞의 모니터에 등장합니다. 그리고 이 정보 중에서 자신이 원하는 내용을 찾아 선택할 수 있습니다. 이것은 개인에게만 공개된 것이 아니라 대중 누구에게나 공개된 자료이므로 그 정보를 접한 사람의 수는 셀 수 없이 많고, 정보의 진실성에 대한 여부는 글 밑에 달린 수많은 댓글들을 통해 검증할 수 있습니다.

이에 반하여 문자메시지는 정보의 도착에 따른 여과 과정이라는 것이 존재하지 않습니다. 여과 과정이 없으므로 휴대전화에 문자가 도착하면 일단은 그것을 열어 봐야 합니다. 원하지 않는 정보라 하더라도 접하게 되는 것입니다.

사행성 정보, 낯 뜨거운 스팸이 들어와도 그것을 열어보기 전에는 알 수 없으므로 어쩔 수 없이 열어 본 뒤 삭제해야 합니다. 그런 것이 싫어서 낯선 문자를 기피하다 보면 본의 아니게 정상적인 메시지까지 스팸으로 분류되어 사람들 간의 오해가 생길 수 있습니다. 070인터넷 전화가 처음 나오고 얼마 지나지 않았을 때, 상업용 회선으로 주로 사용하는 060 번호와 혼란을 일으켜 수신을 거부하는 일이 종종 있었습니다. 인터넷 전화는 그러한 혼란을 줄이기 위해 오랫동안 광고와 홍보에 노력해야 했습니다.

이러한 것들은 문자메시지에 여과 과정이 없는 데서 비롯된 어쩔 수 없는 공해이며, 스팸 메시지의 폐해는 계속되고 있습니다. 문자메시지를 통해 확산된 정보의 왜곡, 거짓 정보의 유출 등은 사회적 혼란을 야기하는 중대 사안으로 등장하기도 합니다. 정보 선택에의 폭력성과 무비판적 수용이 가능해졌기 때문입니다.

4
소셜 네트워크,
세상과 소통하는 문이 되다

뉴미디어의 심장,
소셜 네트워크

뉴미디어로 대표되는 스마트폰의 보급·확산과 더불어 핵심으로 떠오른 것이 소셜 네트워크입니다. 소셜 네트워크라고 하면 거창하게 들리지만 사실은 우리 주변에서 흔히 접하거나 들어 본 커뮤니케이션 네트워크를 말하며 싸이월드, 트위터, 페이스북이 그에 해당합니다.

소셜 미디어는 온라인상에서 사회 구성원들이 의견과 생각, 경험을 공유하면서 관계를 맺을 수 있는 개방적인 틀 혹은 미디어 플랫폼을 말합니다. 사람들은 소셜 네트워크를 통해서 새로운 사람과 만나거나 기존에 알고 지내던 사람과의 유대를 강화해 나갑니다.

소셜 네트워크 서비스가 큰 인기를 끌면서 서비스와 형태도 다양해졌습니다. 휴대전화와 결합되면서 모바일 접속이 가능해졌고, 통화·회의·쇼핑 등 다양한 기능이 부가되었습니다. 소셜 네트워크 서비스는 '도토리'로 대표되는 사이버머니를 통해 수익모델의 가능성을 보여주었습니다. 실제로 싸이월드에서는 현재 도토리를 판매하고 있으며, 한 가수는 '도토리'라는 노래를 통해 자신이 음원 권리료를 사이버머니인 도토리로 받았음을 밝혔습니다.

뉴미디어는 다양하고 복합적인 기능을 갖고 있지만 그 가운데 가장 핵심 역할은 소셜 네트워킹 서비스입니다. 한국저작권위원회는 얼마 전 한국갤럽조사연구소에 의뢰하여 스마트폰과 태블릿PC 사용자들의 이용 실태를 조사하였습니다.

이번 조사에서 응답자에게 스마트폰과 태블릿PC를 쓰는 이유를 물어보았는데 그 결과가 매우 흥미로웠습니다. 이유 세 가지를 중복하여 순위대로 답변을 받았는데, 10명 중 8명은 인터넷 검색(87.1%)을 하기 위해 스마트폰과 태블릿PC를 쓴다고 대답했습니다. 이어 트위터와 페이스북, 카카오톡 등 소셜 네트워크 서비스와 무료 문자 서비스를 이유로 든 이용자는 10명 중 5명(53.6%)이었습니다. 그 뒤를 이어 음악 감상(46.4%)과 게임(33.4%), 신문이나 방송 뉴스(27.2%), 영화와 드라마(14.6%) 순으로 나타났습니다. 이밖에 전자책 읽기, 교육 콘텐츠 이용을 이유로 든 비율은 각각 5%와 2%에 불과했습니다.

이와 같은 결과에서 볼 수 있듯이 소셜 네트워크는 뉴미디어의 심장과 같다고 할 수 있습니다. 사람과 사람 사이에서 소통의 창구가 되고, 대화의 도구가 되고, 결국 뉴미디어를 살아 있게 만드는 것이 소셜 네트워크이기 때문입니다.

소셜 네트워크가 아무리 대중들 사이에서 파급력이 크다고 하지만 그게 어느 정도의 위력을 갖는지 가늠하기가 힘들었습니다. 손바닥 안에 있는 작은 매체, 생활 속에서 너무나 소소하게 쓰이고 있기 때문에 오히려 별 것 아닌 것처럼 여겨지는 그 매체가 힘을 발휘한다는 게 상상되지 않았습니다.

그러던 것이 피부에 확 와 닿을 정도로 위력을 발휘한 사건이 올해 여름에 벌어졌습니다.

'서울 물난리' 현장중계, 트위터리안 한몫…
"방송보다 낫다!"

지난 3일 서울 등 수도권 지역에 100mm 이상 집중호우가 내려 곳곳에 물난리가 난 가운데 트위터리안(트위터 이용자)들의 현장 중계가 빛을 발해 시선을 모으고 있다.

광화문, 신촌 일대 등의 침수 현장 모습을 담은 사진이 트위터에 빠르게 올라오면서 트위터리안들은 가장 먼저 재난 소식을 접했다. 그러자 일부 트위터리안들은 "방송보다 트위터를 통해 훨씬 빠르고 정확하게 현장의 모습을 확인할 수 있었다"고 말하기도 했다.

지난 3일 서울 하늘은 구멍이 뚫린 듯 비가 세차게 퍼부었다. 새벽부터 내리기 시작한 비는 오후 늦게까지 계속 됐고, 한때 시간당 30~50mm 이상이 쏟아져 곳곳에 물난리가 났다.

당시 트위터에는 양천구 신월동 일대의 홍수 피해가 예상된다는 트윗과 서대문 홍제천이 범람 직전이라며 사진과 함께 긴급한 글이 올라왔다.

트위터를 통해 '생중계'된 서울 곳곳의 물난리 현장 사진은 급속히 전파됐고, 약속 장소로 유명한 광화문, 신촌 등이 침수된 모습의 사진이 올라오자 약속 장소를 바꾸는 등 '재난 대책'에 트위터가 한

묶 단단히 한 셈이다.

많이 내린 비로 인해 아예 외부 활동을 접은 네티즌들이 많았지만 중요한 약속으로 나갈 일이 있는 네티즌들은 트위터를 통해 현장 상황을 접하고 대책을 세우는 모습을 보이기도 했다.

30대 여성이라고 밝힌 '늙은이'는 자신의 트위터를 통해 "친한 친구 돌잔치가 강남에 있어 안 갈 수 없는 상황이었는데 트위터에 올라온 사진을 통해 현장을 보니 버스보다 지하철을 이용하게 됐다"면서 "도로에 차가 없어 한산하다고 해서 차를 가져가려 했지만 침수된 모습을 보고 엄두가 나지 않았다"고 말했다.

이렇듯 트위터리안들은 어느 지역이 침수되거나 곳곳에 통제가 생기는 등 긴급 상황이 발생하면 어김없이 사진과 함께 생생한 상황을 속보로 전파했다.

이에 일부 트위터리안들은 "현장에 있는 네티즌들의 생생한 소식에 정말 대단하다는 말 밖에는 할 말이 없다"면서 "방송사들이 특보로 전하기는 했지만 대부분 강 범람을 잡아 주고 시내 도로들은 외면해 구체적인 상황을 알 수 없었지만 트위터를 통해 상세하게 접할 수 있어 놀라웠다"고 입을 모았다.

트위터리안들이 전한 지역은 강서구청 사거리, 광화문, 강남역, 선릉역, 가양동, 서대문 홍제천, 신촌, 홍대 앞, 양천구 신월동 일대

등 서울 전 지역에 걸쳐 광범위하게 이뤄졌다.

자연재해로 일어난 재난에 트위터가 역할을 톡톡히 한 것은 이번이 처음은 아니다.

지난해 9월 추석 때도 물난리가 났을 때 광화문 범람을 가장 먼저 빠르게 전파했던 것도 트위터였다. 또한 일본 지진 때도 일본 네티즌들이 도쿄 지역 건물 내부의 상황을 트위터에 올려 전 세계 네티즌들이 일본의 상황을 면밀히 알 수 있었다.

한 커뮤니티 사이트에서 일부 네티즌들은 "자연재해 재난에는 트위터의 역할이 정말 대단하다. 방송이나 언론이 제대로 따라갈 수가 없다. 트위터를 먼저 본 사람이라면 방송은 뒷북에 지나지 않는다"면서 "현장에서 전하는 네티즌들의 힘이 트위터를 통해 위력이 발휘되는 듯하다"고 놀라워했다.

2011-07-04 동아닷컴 도깨비뉴스 김동석 기자 @kimgiza

홍수 때문에 시민들이 집 안에서 불안에 떨며 밖에 나간 사람을 걱정하고 있을 때, 소셜 네트워크 이용자들은 실시간 속보를 전하면서 그들의 영역을 확보하고 결속력을 강화했습니다. 그리고 그들의 눈부신 활약에 대해 시민들은 신뢰와 열광으로 답례를 했습니다. 소셜 네트워크는 우리나라에서 뿐만 아니라 세계 곳곳에서 지금도 기적 같은 일들을 만들어 내고 있습니다.

개미를 슈퍼맨으로 만들어 주는 힘의 근원

2011년 2월 중순, 중동지역에서 민주화 운동이 시작되었습니다. 장기집권과 독재를 일삼던 중동 지방의 튀니지, 이집트, 리비아의 대통령들은 민주화 운동의 결과로 대통령 자리에서 내려와야 했습니다. 이렇듯 개혁에 가까운 중동지역의 민주화 운동은 소셜 미디어에서부터 시작되었다고 해도 과언이 아닙니다.

소셜 미디어의 '힘'은 지금까지의 상식을 뒤집을 정도의 크기와 가능성을 가지고 있음을 새삼 실감하는 사건이었습니다. 지금도 정치, 경제, 산업 등 모든 분야에서 소셜 네트워크로 인한 변화의 물결이 출렁이고 있습니다.

미디어는 발명 초기부터 현재까지 홍보와 마케팅에 적극 활용되어 왔습니다. 신문, 잡지, 라디오와 텔레비전 그리고 스마트폰에까지 수많은 광고와 홍보가 따라 붙습니다.

근래의 예를 들자면, 유럽의 한 타이어 제조 회사는 페이스북에 계정을 만들어 자신들이 벌이고 있는 환경 보전 활동을 소개함으로써 회사 이미지를 만들어 홍보해 가고 있습니다. 트위터는 적절한 장소에 짧은 홍보나 광고 문구를 올린 뒤, 자세한 내용은 페이스북에서 확인하도록 유도하고 있습니다. 유튜브에서는 모터스포츠 관련 동영상을 올리고, 플리커에서는 자기 회사의 홍보 포스터를 올립니다.

매스 미디어로 전달하지 못하는 세부 정보를 페이스북으로, 시의 적절한 정보는 트위터를 통해 알리는 것도 요즘 마케팅의 추세입니다. 요즘은 매스미디어보다 소셜 미디어를 선호하고 신뢰하는 소비자가 늘고 있어서, 기업은 그들을 대상으로 한 마케팅에도 주력하고 있습니다. 현재 소셜미디어는 매스미디어의 보완 역할을 하고 있지만 조만간 그 역할이 서로 바뀔 것으로 보입니다.

2010년 글로벌 피자 체인을 갖고 있는 도미노피자에서 이벤트를 하면서 곤혹을 치른 일이 있었습니다. "트위터 팔로워 수만큼 추가 할인 받는 놀라운 세상"이란 제목으로 문을 연 그 이벤트는, 도미노피자 트위터에서 팔로워 수만큼 그에 해당하는 할인 쿠폰을 제공한다는 내용이었습니다. 기본으로 1천 원이 할인되며 100명당 1천 원씩 추가 할인되는 방식으로, 최대 할인 금액은 2만 원으로 제한하였습니다.

이것을 수치로 환산해 보면 최고 할인 금액인 2만 원을 할인 받기 위해서는 1천 901명의 팔로워를 확보해야 하므로 결코 쉽지 않은 일로 여겨졌습니다. 인맥에 인맥을 동원한다고 해도 500명을 넘기 힘들 것이라는 게 기획자의 생각이었습니다.

그러나 도미노 피자 할인 이벤트가 트위터를 통해 알려지자마자 개미들이 뭉치기 시작했습니다. 평소에 트위터를 이용하지 않던 사람들까지 가세해서 서로 품앗이 팔로우를 해 주며 쿠폰 받기에 나선 것입니다. 이벤트 기간 동안 도미노피자 트위터의 팔로우 수는 기하급수로 늘어났습니다. 급기야 '도미노 좀비'라는 신종어가 등장하면서 트위터 이용자 사이에서 '도미노의 난' 혹은 '피자의 난'으로 불렸습니다.

상황이 예상과 달리 파급되자 마침내 노미노 피자 측은 사과문을 내걸고 이벤트 기간을 20일 가량 앞당겨 종료했습니다. 그 시점에서 점검해 본 결과, 최소 1천 명 이상이 최고 금액의 할인 쿠폰을 받아 간 상태였습니다.

사람들은 도미노 피자 측이 트위터 이용자들과의 약속을 어기고 이벤트를 조기 종료한 데 대한 불만을 드러냄과 동시에 '소셜 네트워크의 위력이 이 정도인 줄은 몰랐다'는 반응을 보였습니다.

소셜 미디어 상에서는 지금까지 직접 대화하거나 정보 교환이 없었던 사람들끼리 새로운 관계가 만들기도 하고 그룹을 형성하기도 합니다. 그들 사이의 공감대는 소셜 네트워크를 통해 이루어지고, 소셜 네트워크를 통해 교류를 합니다.

사람들에게 물었습니다. "당신은 왜 소셜 미디어에 참여하나요?" 그 물음에 69.3%가 '다양한 사람들과 네트워킹하기 위해서'라고 대답했습니다. 소셜 미디어는 소통을 위한 문이자 언어가 되었습니다. 그리고 사람들은 끊임없이 소통하길 원하고 있습니다.

5

미디어,
어디까지 갈까

우상을 만드는 미디어

K-POP 열풍이 아시아를 넘어서 유럽까지 뜨겁게 몰아치고 있습니다. 배용준이 일본에서 '사마'라는 극존칭을 얻으며 한류의 기초를 다졌고, 그 뒤를 이어 걸그룹과 아이돌 스타들이 K-POP을 무기로 세계에 나섰습니다. 요즘 아이돌은 점차 연령층이 낮아져서 고교생은 물론 중학생과 초등학생까지 프로 무대에 데뷔를 하고 있습니다. 부모들은 자녀가 보다 어린 나이에 연예계에 입문하여 스타가 되길 바라며 뒷바라지에 여념이 없습니다.

요즘 한창 붐을 이루고 있는 서바이벌 프로그램 중 엠넷 〈슈퍼스타 K〉 시즌 1의 톱10 진출자의 평균 나이는 21.6세였습니다. MBC 〈위대한 탄생〉에는 최연소 출연자인 11세 김정인 양이 톱20 안에 들었습니다.

서바이벌 프로그램에 출연한 10대부터 20대까지 젊은이들은 가수의 꿈을 이루기 위해서 치열하게 경쟁했습니다. 〈슈퍼스타 K〉 시즌 3에 도전한 도전자의 수가 193만 명에 이른다고 하니 얼마나 많은 사람들이 꿈을 쫓아 도전하고 있는지 짐작이 갑니다.

초등학생과 중학생들 사이에서 반 이상이 연예인이 되길 꿈꿉니다. '꿈'을 묻는 질문에 몇 년째 '연예인'이 부동의 1위에 올라 있습니다. 미디어의 발달은 10대 청소년들에게 연예계의 화려한 면모만을 보게 만들었습니다. 열심히 공부하여 좋은 대학에 진학하고, 안정적인 직장을 얻는 게 최고라고 여겼던 20세기와는 확실히 인식이 달라졌습니다.

이런 상황에서 우후죽순으로 생겨나는 오디션 프로그램은 자칫하면 젊은이들에게 허황된 꿈만 쫓게 한다는 우려가 생겨나고 있습니다. 그리고 그 꿈이 좌절됐을 때의 허망함을 보호해주는 장치가 없다는 것도 문제로 지적되고 있습니다.

사실 오디션 프로그램은 이미 정해진 포맷으로, 여러 방송사에서 틀에 맞춰 제작해 내고 있는 실정입니다. 스타가 되고 싶은 일반인들이 나와 자기의 장기와 실력을 맘껏 드러내면 심사위원들은 신랄한 비평과 함께 그들을 가차 없이 떨어뜨리는 형식입니다. 오디션 프로그램에 출연하는 일반인들은 방송 관계자가 짜 놓은 순서대로 움직입니다.

그리고 제작진들은 시청자들의 흥미 위주로 그들을 촬영하고 편집하여 방송에 내보냅니다. 항간에는 방송 상 흥미 유발을 위해 본선에 진출하려면 '실력도 중요하지만 기구한 사연을 갖고 있어야 한다'는 말이 떠돌면서 있지도 않은 거짓 사연을 프로필에 적는 사람들이 생겨났습니다. 하지만 시청자들은 그런 소문을 익히 들어 알고 있으면서도, 참가자들의 사연에 눈물을 흘리고 마음속으로 응원의 박수를 보냅니다.

카이스트에 다닌다는 한 참가자는 꿈을 위해서라면 학교를 포기할 수 있다며 실제로 휴학계를 내기도 했고, 어릴 적 부모님이 이혼해서 엄마 얼굴을 모른다고 말한 참가자는 우승을 거머쥐면서 23년 만에 친엄마를 만나기도 했습니다. 어릴 적 보육원에서 학대를 받은 사연, 전 남자친구의 폭력으로 정신적 피해가 컸던 사연, 편모슬하, 아버지의 사업 실패로 도피

이민한 사연, 위암 말기 등등 참가자들마다 갖고 있는 사연들은 부각되거나 혹은 과장되기도 합니다.

오디션 프로그램은 일반인들에게 꿈과 환상을 만들어 줍니다. 평범한 사람도 스타가 될 수 있으며 거액의 상금으로 신데렐라 같은 신분 상승의 기회를 잡을 수 있다고 끊임없이 유혹합니다. 사람들은 자신의 이웃이 스타가 되어 텔레비전에 나오는 것을 보면서 친근함을 느끼는 것은 물론 그를 롤모델로 삼아 전철을 밟아 가길 원합니다. '팬'이라고 말하고 요즘 애들 말로 '빠'라고 하는 그들에게 있어서 우승자들은 우상에 가까운 존재로 군림합니다.

콘서트장에 가 보면 아이돌 가수의 손짓 하나에 관객석에서는 비명이 터져 나옵니다. 아이돌 가수의 말 한마디, 행동 하나에 눈물을 흘리며 아우성을 쳐댑니다. 기절하거나 옷을 찢는 등 광적인 모습을 보이기도 합니다.

예전에는 아이돌 문화가 10대의 전유물이었습니다. 10대들은 만화 속에서 금방 튀어나온 듯한 외모를 한 그들을 보면서 동경과 연민을 가졌습니다. 긴 머리, 창백한 얼굴, 마른 몸과 내성적인 성격은 보호본능을 불러일으켰습니다. 그러나 요새

아이돌에 열광하는 연령대는 10대뿐만 아니라 청·장년층도 꽤 있습니다.

그러한 현상을 단순하게 봤을 때, 1세대 아이돌 문화를 이끌던 10대들이 나이를 먹어 이제 20대가 됐기 때문이라고 할 수 있지만, 다른 시각에서는 아이돌을 기반으로 한 문화 시장이 확대되었기 때문이라고 말할 수 있습니다. 아이돌은 현재의 가요시장을 주도하고 있습니다. 아이돌은 시청자들에게 판타지를 주기 때문에, 그들을 보며 현실에선 불가능한 박탈감을 채우고 대리만족을 느낍니다. 아이돌은 사회의 요구에 따라 계획적이고 사업적으로 시장에 진출합니다. 그리고 그 역할의 선봉에 미디어가 있습니다.

결국 미디어에 의해 우상이 만들어지고 있습니다. '보이고 싶은 것만 보이고, 감춰야 할 것은 철저히 감추는' 마케팅 전략이 아이돌을 우상으로 만들었습니다. 신이 베일에 싸여 있는 것처럼, 아이돌도 '신비주의'를 표방하며 적당히 감추어져 있습니다.

그런데 요즘은 미디어에서 서바이벌 프로그램이 성행하면서, 그 프로그램에 목을 매는 사람들이 늘고 있습니다. 실력이 없더라도, 텔레비전에 얼굴 한 번 나와 보는 게 소원이라서 서바이벌 프로그램에 도전하는 사람들도 많습니다. 그리고 자신의 이미지와 상관없이 연출자의 의도에 따라 스캔들을 만들고, 폭력과 욕설 등 과격한 행동으로 자신의 존재를 강하게 부각시킵니다. 그것이 향후 어떤 영향을 미칠지에 대한 고민은 없어 보입니다. 실제로 카메라 앞에서 욕설과 기물 파손으로 이목을 집중 시킨 한 여성 참가자가 그 일로 인해 사회적인 지탄을 받게 되자 '연출자가 시켜서 그랬던 것뿐'이라며 억울함을 호소한 일이 있었습니다.

미디어가 자신을 우상으로 만들어 주리라는 환상을 갖고 있었지만 결국 그녀는 미디어의 꼭두각시 노릇을 하고 있었던 것입니다. 뒤늦게 그 사실을 알고 자신의 눈물로 진실을 말한다 해도 사람들은 쉽사리 그녀의 말을 믿지 않을 것입니다. 선행된 미디어의 효과가 훨씬 크기 때문입니다.

독특한 생각과 외모, 생활 습성을 가진 사람들을 방송에 출연시켜 그들의 일상을 살펴보는 한 프로그램도 개인의 사생활 침해와 과장된 연출 때문에 출연자들이 방송 이후 생활에 불편을 겪고 있다는 기사도 있었습니다. 그들은 실제로 '방송에 나오는 나의 모습을 보고 놀랐다. 그렇게 방송될 줄은 몰랐다'고 말했습니다. 어떻게 편집되느냐에 따라 시청자들은 현실과 많이 다른 정보를 진실이라고 믿게 된 것입니다.

그들 또한 미디어의 두 얼굴을 알지 못했습니다. 시청자 앞에서는 항상 웃는 모습, 화려한 모습을 보이고 있었기 때문에 그것을 '선'이라고 믿었던 것입니다. 그러나 그 이면에 감춰진 또 다른 얼굴을 보게 되면 시청자로서 배신감을 느끼게 됩니다. 더욱이 자신이 요리되어 다른 사람의 볼거리로 제공되었을 때는 미디어에 대한 불신이 커질 부밖에 없습니다.

미디어는 많은 우상을 만들어 냈습니다. 그러면서 점차 위력이 커지자 미디어는 스스로 우상이 되었습니다. 청소년들 사이에서 미디어는 종교보다 강한 힘을 발휘하는 우상입니다.

어깨에 힘이 들어간 소셜 미디어

전설 속에 등장하는 불가사리처럼 덩치가 점점 커지는 미디어는 사회 전체를 지배할 만큼 어마어마한 규모와 위력을 갖게 되었습니다. 미디어는 사회 전반에 걸쳐 구석구석 영향을 미치지 않는 곳이 없습니다. 특히 소셜 미디어는 자신의 힘이 얼마나 대단한지를 알게 되면서부터 어깨에 잔뜩 힘이 들어갔습니다.

그러나 이것은 우리나라만의 경향이 아니라 전 지구적인 반응입니다. 오죽하면 중국과 인도 다음으로 제3의 인구수를 자랑하는 것이 '페이스북'이라는 말이 있을 정도로 소셜 네트워크를 이용하는 이용자 수가 많습니다. 그리고 그 수는 조만간 중국의 인구를 훨씬 넘어설 것으로 보입니다.

뉴미디어의 네트워크 기반은 인터넷입니다. 인터넷은 컴퓨터들의 네트워크이자 미디어이며 플랫폼이기도 합니다. 인터넷은 '전시된 콘텐츠를 구경하는 곳'을 넘어서서 사람들이 스스로를 남들에게 보여 주는 공간이 되기도 합니다. 사람들이 인터넷을 사용하는 이유를 크게 두 가지로 나눠 보면, 원하는 자료와 정보를 얻기 위해서 그리고 자신의 존재를 알리고 사람들과의 관계를 유지하기 위해서라고 볼 수 있습니다. 인터넷은 사람들이 이 두 가지를 더 잘 성취할 수 있는 방향으로 발전합니다.

그래서 인터넷은 포털 검색을 통해 콘텐츠를 좀 더 쉽고 빠르게 찾을 수 있도록 하는 방향을 모색하고, 보다 많은 사람들이 참여하여 콘텐츠를 만들어 가도록 독려합니다. 포털 사이트 네이버가 처음 출발을 할 때 다른 포털과 차별성을 가지며 가장 화제가 되었던 것은 '지식인'이라는 콘텐츠였습니다. 지식인은 이용자들이 만들어 가는 콘텐츠로, 네이버는 일찌감치 이용자가 참여하는 콘텐츠에 대한 잠재력을 주목하고 있었던 것입니다. 그리고 네이버의 예상 그대로, 이제 사람들은 "모르는 게 있으면 지식인에 물어 봐"라는 말을 자연스럽게 하고 있습니다.

이용자가 만들어 가는 콘텐츠가 성공을 거두자 비슷한 형태의 콘텐츠가 속속 등장했습니다. 사람들은 자신의 웹사이트와 블로그, 카페 등에 직접 만든 동영상과 직접 찍은 사진을 올리고 자신의 경험을 공유하는 데 주저하지 않았습니다. 그리고 그것을 상업적으로 접목한 '파워블로거'들이 등장하면서 인터넷 블로그 운영이 '돈 되는 사업'으로까지 인식되기 시작했습니다.

인터넷 이용자가 급속도로 늘어남에 따라 사람들은 인터넷 환경을 이용해 또 다른 활동을 시작했습니다. 기존에는 알지 못하는 누군가가 올린 자료를 보고, 누군가의 이야기를 들었으며, 자신의 정보와 이야기도 알지 못하는 누군가에 의해 읽혔습니다.

그러던 중 친구, 직장 동료, 가족과 일가친척들이 너도나도 인터넷을 사용하자 지인들과의 사적인 커뮤니티 활동이 가능해졌습니다. 소셜 네트워크가 구축된 것입니다. 이로 인해 '자신의 존재를 알리고 사람들과의 관계를 유지하기 위해' 인터넷을 사용한다는 기본 목적이 더욱 강화되었습니다.

사람들은 자신의 일상을 지인들과 공유하는 데 있어 시간적·공간적 제한을 받지 않고 자유로워졌습니다. 일대일로 주고받던 전화나 편지, 이메일 등과 달리 더 많은 지인들을 상대로, 자신의 일과를 공유하기 시작했습니다. 주말에 가족과 함께 갔던 식당, 애인과 본 영화, 특별한 날 갔던 여행지, 학교와 회사에서 있었던 일…… 평범한 일상을 글과 사진으로 올리면 지인들은 그것을 보고 짧은 공감의 글을 올렸습니다. 그 공간이 된 것이 싸이월드, 트위터, 페이스북이라는 소셜 네트워크였습니다.

소셜 네트워크는 기하급수적인 확장 속도를 갖고 있어서, '입소문' 파급 효과가 기존 미디어와는 비교할 수 없습니다. 텔레비전보다 더 빠르고 개인의 입소문보다 섬세하게, 여러 명의 댓글을 통해 객관성까지 갖추면서 설득력 있는 미디어로 입지를 굳혀 갔습니다. 이 같은 개인 네트워크를 통한 메시지는 뉴스를 전하거나 상품과 광고를 전파시키는 역할은 물론, 중동 지역 민주화 운동에서 보듯 지역이나 국가의 여론을 좌우할 만큼의 영향력을 발휘하게 되었습니다.

초창기의 인터넷 정보는 언론사나 전문가가 선별적으로 제공하던 고급 콘텐츠가 주를 이루었습니다. 그러나 이제는 일반 사용자들이 만들어 낸 수백만 배 많은 콘텐츠가 인터넷의 주를 이루고 있습니다. 물론 콘텐츠의 질이 전문가의 수준만 못하겠지만 개인 생활의 밀접성은 훨씬 뛰어납니다. 즉 우리 동네 맛집, 내가 사는 지역의 관광지, 근처에 있는 어린이집과 유치원 정보, 추천 데이트 코스 등 지역 주민들만 알 수 있는 곳곳의 상세한 정보가 있기 때문에 자신에게 꼭 필요한 맞춤 정보를 얻을 수 있습니다.

이처럼 이용자가 올린 콘텐츠의 양이 방대해지고 중요성이 크게 높아짐에 따라 인터넷의 주도권 역시 기존의 포털, 검색 업체로부터 '페이스북'과 같은 소셜 네트워크 서비스로 옮겨가고 있는 실정입니다. 기존처럼 콘텐츠를 배포하는 곳이 아니라, 사람들로 하여금 많은 콘텐츠를 올리게 하고 그 콘텐츠를 보유하고 있는 곳이 마침내 인터넷의 주도권을 쥐게 될 것입니다.

그렇다면 현재 가장 촉망 받는 미디어가 된 소셜 네트워크 서비스, 과연 그 미래는 어떤 모습일까요?

하루가 다르게 변화하고 있어서 10년 후, 20년 후를 예측하기는 힘들지만 가까운 장래를 짐작해 보자면, 인터넷과 소셜 네트워크는 지금과 마찬가지로 이용자들끼리의 네트워크를 강화해 가는 방향으로 발전해 갈 것으로 보입니다. 네트워크 강화를 위해 어떤 툴이 발명될지는 아직 미지수입니다. 이때 중요한 것은 콘텐츠의 개방성이 강화되어, 어떻게 하면 지금보다 더 많은 사람들이 쉽고 편리하게 접근할 수 있을 것인가에 대한 고민과 연구가 계속될 것입니다.

싸이월드는 사실상 전 세계 소셜 네트워크의 효시라고 할 수 있습니다. 현재 가장 많은 회원을 확보하고 있는 '페이스북' 역시 싸이월드를 모티브로 삼아 개발했음을 인정했습니다. 이렇듯 싸이월드는 소셜 네트워크의 표본을 제시한 대한민국 토종 모델입니다.

그러나 등장과 동시에 세계에까지 기세등등하게 세력을 확장해 가던 싸이월드가 어느덧 해외는커녕 국내에서까지 성장의 행보를 더디 하고 있습니다. 싸이월드 내에서 만들어진 콘텐츠들은 싸이월드 가입자들끼리만, 그것도 접근 제한의 폭을 좁힐 경우 일촌들만 볼 수 있기 때문에 대중적으로 파급되기 어려운 점이 있습니다. 콘텐츠 이용자의 폭이 좁아지면 소셜 네트워크는 본연의 기능을 잃게 됩니다. 그리고 콘텐츠에 대한 부가가치도 약화됩니다.

콘텐츠의 부가가치를 얼마나 높여 가느냐, 어떻게 확대해 가느냐에 따라 소셜 네트워크의 성패가 좌우됩니다. 그러므로 소셜 미디어 이용자들은 다른 사람이 어떤 콘텐츠를 갖추고 있는지 그리고 어떤 네트워크를 이용하고 있는지에 대한 관심을 더욱 높이면서 자신의 세계를 더욱 견고하게 만들어 갈 것입니다.

소셜 미디어에 남겨지는 수많은 콘텐츠는 사실 이용자의 '삶의 흔적'이라고 할 수 있습니다. 과거에는 소셜 네트워크가 지인들과의 커뮤니케이션 수단으로 이용되어 그 내용을 공유하는 데 그쳤다면, 현재 소셜 네트워크는 관계의 폭을 더욱 넓혀 불특정 다수와도 삶을 공유하는 커뮤니케이션으로서 역할을 수행하고 있습니다. 앞으로 이러한 활동이 활발해지면서, 수많은 사람들이 공동으로 삶의 지혜와 정보를 구축하게 될 것입니다. 그래서 미래에는 소셜 네트워크 서비스가 올바른 인간 삶, 지혜롭고 편안한 삶, 행복한 삶을 살아가는 데 중요한 데이터베이스로 자리 잡게 될 것입니다.

정치의 시녀가
될 것인가,
정치의 반려자가
될 것인가

자르고 붙여 넣는 동안 미디어는

날이 잘 선 칼날이 되어

누군가의 심장을 겨누고 있을 지도 모릅니다.

자신이 아무렇지 않게 던진 돌멩이 하나가

사회의 파장이 될 수 있으며 누군가에게

비수가 되어 꽂힐 수 있음을 기억해야 합니다.

1
미디어의
함정에 빠지다

✛

정치와 미디어의 만남

미디어는 현실을 포장하여 전달하면서도 그것이 바로 실체인
것처럼 느끼게 만듭니다. 그중 텔레비전은 절대적인 영향력을
행사하면서 이미지의 신화를 만들어 내는 주역입니다. 텔레비
전은 일상에서 가장 친밀한 매체기 때문에, 사람들은 시청각
을 통해 자연스럽게 전달되는 메시지를 쉽게 받아들입니다.

텔레비전은 동적인 세계를 그대로 보여 주기 위해 구체적이
고 현상적인 것을 선호합니다. 그리고 추상적인 것까지도 끊
임없이 가시화시키기 위해 노력합니다. 또한 텔레비전은 심오

한 논리나 사상보다는 피상적 감성에 호소하며, 극적인 것을 선호합니다. 그러므로 대중에게 어필할 수 있는 이미지를 만들고자 하는 정치인들은 텔레비전을 통한 이미지 메이킹에 주력하게 되는 것입니다.

텔레비전과 같은 영상매체에서는 능수능란한 화술보다 스마트한 인상이 선호 조건이며, 뛰어난 연기력과 분장술, 참신한 매력 등이 요구됩니다. 텔레비전은 결과보다도 과정의 표현을 중요하게 생각하며, 어떤 대상에 대한 상세한 정보보다는 희미하나마 윤곽을 제공할 수 있는 짧은 영상들을 모아 포괄적으로 보여주는 데 효과적입니다. 그러므로 텔레비전 스타는 지나치게 강렬한 개성보다는 베일에 싸인 이미지 즉 신비주의적인 이미지를 갖는 게 오히려 좋습니다.

텔레비전은 오락성이 강한 매체입니다. 그래서 텔레비전과 정치가 손을 잡았을 때 자칫하면 정치가 흥행처럼 변질될 수 있습니다. 제작자는 시청률을 높이기 위해 프로그램에 오락적인 요소를 가미해서, 정치 프로그램을 마치 스포츠 중계처럼 방송하거나 정치 토론을 베틀 구조로 만들어 게임처럼 승부에만 관심을 갖게 할 수도 있습니다. 정치인들은 시청자의 반응과 시선을 의식하면서 방송에 출연할 것이며, 시청자들은 텔레비전에 비친 정치인의 모습이 전부인 것처럼 받아들일 것입니다. 이때부터 드라마가 시작되는 것이며, 시청자는 드라마 속 주인공을 보듯 정치인을 보게 됩니다.

텔레비전이 정치의 중요한 수단이 되거나 선거운동의 핵심이 되면 미디어에 대한 정치의 예속성이 커집니다. 정치 행사의 일정이나 진행을 텔레비전 시간에 맞추고, 행사 내용도 미디어를 의식하여 조정하는 등 실제로 웃지 못할 일이 발생합니다.

나아가 텔레비전에 의한 정치 조작이 현실로 드러날 수 있습니다. 제작자가 임의로 사실을 선택하고 편집하는 가운데 왜곡이 일어날 가능성이 있으며, 미디어가 어떤 프레임을 가지고 정치인을 재단했느냐에 따라 당락의 중요 요소가 될 수 있습니다.

특히 선거 이후 개표 상황은 마치 경마 중계를 하듯 엎치락뒤치락하는 상황을 극적으로 전달합니다. 후보들의 초조함까지 곁들이면 그것을 지켜보는 사람 또한 동화되어 긴장감과 조마조마함을 느끼게 됩니다.

정치에 대한 텔레비전의 영향력이 커지면, 특정 지역에 대한 발언이 다른 지역에 영향을 미칠지 모르기 때문에 전국 규모의 이야기 위주로 하게 되고 이것은 정치의 중앙집권화를 심화시킵니다. 또한 정치인들은 정당을 통하지 않고 유권자와 직접적 관계를 가질 수 있으며, 국민들의 투표 성향도 정당보다는 개인적 퍼스낼리티에 의존하게 됩니다. 이 말은 곧 텔레비전의 영향력이 커지는 만큼 정당의 영향력은 약화된다는 것입니다. 이러한 현상은 정치 발전 측면에서 봤을 때 결코 바람직한 일이 아닙니다.

텔레비전의 이러한 속성은 좋든 나쁘든 정치 및 선거에 많은 영향을 미치고 있습니다. 텔레비전을 통한 정치선전이나 선거운동이 증가하다 보면, 사람들은 정치인이 내세우는 정책과 그의 능력을 살펴보기보다는 개인의 이미지에 치중하게 됩니다. 그래서 정치인들은 카메라 앞에서 외모 가꾸기에 신중을 기합니다. 그렇게 만들어진 이미지를 가지고 정치적 연출에 따라 연기하는 것, 그것이 미디어 정치의 표본입니다.

선거에 '출마'하는 것이 아니라 '포즈'를 취하는 것이라는 항간의 풍자는 텔레비전 정치시대를 실감케 하는 말입니다. 어떤 생각을 하며, 무슨 말을 하느냐보다 인상이나 인간적 매력을 중시하다 보면, 텔레비전 정치 시대의 유권자들은 결국

지도자가 아니라 배우 정치인, 배우 대통령을 선출하게 될 것입니다.

　그 대표적인 사례가 미국의 케네디 대통령입니다. 두 사람은 대중매체의 영향으로 운명이 뒤바뀐 대표적인 경우입니다. 닉슨과 케네디는 똑같은 해에 대통령 후보로 나섰는데, 두 사람은 너무도 반대되는 성향과 조건을 가지고 있었습니다. 케네디는 부유한 집에서 태어나 남부러울 것 없이 자란 반면 닉슨은 가난한 농부의 아들로 태어나 성공을 향해 치열하게 살아온 인물이었습니다. 무표정에 일벌레였던 닉슨과 잘생긴 외모에 여유가 넘치는 성격이었던 케네디. 두 사람은 환경부터 성격까지 모두가 극과 극이었다.

　케네디와 닉슨은 대통령 후보로 만나 가장 치열한 접전을 벌인 인물들로 역사에 기록되어 있습니다. 그러나 대통령 후보로 만나기 전 두 사람은 이미 하원의원으로서 얼굴을 익히 알고 있던 처지였습니다. 민주당의 케네디와 공화당의 닉슨은 같은 교육 · 노동위원회 소속이라는 점 덕분에 절친한 사이가 되었습니다.

　일벌레인 데다가 달변가인 닉슨은 상원의원을 거쳐 1952년에 부통령으로 선출되었습니다. 반면 케네디는 6년째 하원의

원을 벗어나지 못하고 있었는데, 닉슨이 승승장구하자 그에게 질투를 품게 되었습니다. 그러던 중 1952년 9월, 닉슨이 뇌물 수수 사건에 연루된 사건이 벌어졌는데 그때 익명의 제보자가 케네디라는 것이 밝혀지면서 두 사람의 치열한 싸움이 시작되었습니다.

4년 뒤 치러질 대통령 선거를 목표로 잡은 케네디는 잘생긴 외모를 이용해 인지도를 높여 나가고, 매스컴을 적극 활용해 지지율을 높이며 민주당 대통령 후보로 선출되었습니다. 후보가 된 케네디는 닉슨을 비방하며 적극 대응에 나섰는데, 그 일이 사람들 사이에서 뉴스가 되면서 케네디와 닉슨이 대등한 상대로 인식되기 시작했습니다.

두 사람의 운명을 가른 결정적인 사건은 TV토론회였습니다. 언변과 화술이 뛰어났던 닉슨은 TV토론회를 당선의 기점으로 잡았습니다. 그래서 각종 자료와 정세를 분석하고 자신의 정치 소신을 피력하기 위해 밤낮을 가리지 않고 매진했습니다. 반면 케네디는 TV토론회 일정이 잡히자 옷을 사기 위해 패션디자이너를 만나고, 마사지를 받고, 옥상에 올라가 선탠을 했습니다. 거울을 보고 한참 동안 다양한 미소를 짓기도 하고, 악수하는 모습과 제스처를 연습했습니다.

그리고 TV토론회 당일, 토론이 시작되자 닉슨은 불안한 듯

카메라와 시선을 맞추지 못하고 눈동자를 계속 굴렸습니다. 식은땀을 흘리거나 목소리가 작아지는 등 불편한 기색이 역력했습니다. 더군다나 사무실에서 자료 분석에 몰두하던 그의 얼굴은 백짓장처럼 창백해 보였습니다. 하지만 케네디는 달랐습니다. 건강미가 넘치는 구릿빛 피부, 여유 있는 미소와 목소리, 세련된 옷차림은 여성들의 마음을 빼앗기에 충분했습니다. 케네디는 대중매체를 통해 보이는 모습이 얼마나 중요한지 잘 알고 있었던 것입니다.

토론이 끝나자 언론은 일제히 '슈퍼스타 케네디와 패자 닉슨'이라는 헤드라인으로 기사를 내보냈습니다. 결국 존 F.케네디가 최연소 미국 대통령으로 당선되었고, 닉슨은 낙선했습니다.

가장 유력한 정치인 후보는 미디어

미디어는 재간둥이 깍두기와 같아서 누가 깍두기를 자기편으로 삼느냐에 따라서 힘의 균형이 기울게 됩니다. 그리고 당연히 깍두기가 속한 팀이 우승할 확률이 높습니다.

미국에서 라디오가 전국적인 방송망을 갖추게 된 것은 1926

년 NBC가 출범하면서부터이며, 선거 메시지가 처음으로 라디오 전파에 실려 유권자들에게 전달된 것은 1928년입니다. 당시 각 정당후보들은 라디오 방송 시간을 구입하여 보통 한 번에 한 시간씩 방송 유세를 했다고 합니다. 그때 〈뉴욕타임스〉는 "이제 정치가들은 지방마다 찾아다니며, 타지방에서의 공약과는 다른 그 지방에만 적합한 공약을 늘어놓을 수 없게 되었다"면서, 전국적으로 동시에 전달되는 방송망이 정치 커뮤니케이션의 양상을 바꿔 놓았다는 논평을 실었습니다.

트루먼 대통령은 1948년에 처음으로 선거유세를 위한 텔레비전 방송 시간을 샀습니다. 1951년에 미국 전국 텔레비전 방송망이 형성되면서, 1952년에는 아이젠하워 대통령이 본격적인 텔레비전 정치광고 시대를 열었습니다.

텔레비전을 이용한 후보 간 정치토론은 1956년 미국에서 처음으로 이루어졌습니다. 그러나 텔레비전 토론의 획기적인 전환점은 앞서 말한 닉슨과 케네디 후보 간의 토론이었습니다. 당시 닉슨에게 뒤져 있던 케네디는 세 차례의 텔레비전 토론을 통해 닉슨을 물리치고, 새로운 대통령으로 당선되었습니다. 이때부터 텔레비전은 미국의 정치운동에 마술적인 위력을 발휘하기 시작했고, 1976년 이후 지금까지 미국 대통령 선거에서는 후보 간 텔레비전 토론이 하나의 관행으로 자리 잡게 되었습니다.

1952년 이전까지만 해도 정치에서 커뮤니케이션 전문가는 연설문 작성, 질문자 선정, 광고프로그램 제작 등의 역할을 하는 데 그쳤습니다. 그런데 1952년에 아이젠하워가 광고회사에 정치광고를 의뢰하면서부터 정치광고 시대가 개막되었습니다. 1964년경에는 전문적인 정치광고 자문가가 등장하였는데, 1980년대에 이르러서는 정치광고 전문회사만 해도 60여 개에 달하고 대행사는 200여 개를 넘었습니다.

미국의 정치광고 발전 과정을 보면, 제1단계인 1940년부터 1960년까지는 상품 지향적 단계였습니다. 즉, 단순히 후보자들을 상품처럼 광고함으로써 널리 알리는 데 주력하였습니다. 정치인들은 보다 많은 광고 횟수와 황금 시간대를 차지하기 위해 투자를 했고, 더욱 매력적으로 포장해 달라고 요구했습니다.

제2단계는 1960년부터 1970년대 중반에 이르는 판매·경영 단계입니다. 이 시기에 정치광고 전문가들은 유권자들이 어떤 후보에게 실제로 투표하는지에 대해 관심을 갖고 연구하기 시작했으며, 매체별 광고 효과를 비교하면서 새로운 마케팅 기법을 개발하였습니다.

1970년대 후반부터 시작되는 제3단계의 정치광고는 마케팅을 지향하였습니다. 그간 정치광고의 목적이 후보를 널리 알리는 것과 효과적인 광고였다면, 제3단계는 효과적인 상품을 개발하는 데 목적을 두었습니다. 그리고 단순한 광고의 차원을 넘어 유권자를 만족시키는 상품 및 서비스를 개발하여 그것을 마케팅과 연계하였습니다. 치밀하게 고안된 광고, 재치있는 전략, 후보자의 입장 결정 등 마케팅 계획과 선거 캠페인을 서로 조화 있게 결합하고자 노력했던 것입니다.

한국에서도 1987년 대통령 선거부터 본격적인 정치광고가 시작되었습니다. 그리고 1992년 대통령 선거에서는 미디어를 활용한 정치광고가 큰 위력을 발휘하였습니다. 특히 2002년 대통령 선거에서는 방송 연설 및 광고 시간이 늘어나면서 더욱 큰 영향을 미쳤습니다. 특히 후보초청 토론 및 후보 간 텔레비전 토론은 선거운동의 양상을 크게 바꾸어 놓았습니다.

방송에 의한 정치광고 및 후보 간 토론이 선거에 결정적인 영향력을 행사하기 시작하면서 긍정적인 평가도 많지만, 반대로 우려의 목소리도 높아지고 있습니다. 공공성을 지니고 있는 방송이 지나치게 정치적, 상업적으로 이용되고 있다는 비판도 생겨났습니다. 아울러 후보 간 토론이 본질적인 정책 대결로 이루어지기보다는 쇼맨십이나 임기응변, 순발력, 외모 등 지엽적인 요소에 큰 영향을 받는다는 비판에 대해서도 다시 한 번 생각해 볼 문제입니다.

2
정치와 국민의
중매쟁이로 나서다

점차 의인화되는 미디어

2011년 10월 26일, 재·보궐 선거가 있었고 새로운 서울시장과 기초단체장이 선출되었습니다. 가장 화제가 되었던 서울시장 보궐선거는 전 국민의 관심 대상이었습니다. 사람들은 뉴스를 통해 후보들의 일거수일투족을 볼 수 있었으며, 100분 토론을 통해 그들이 앞으로 펼쳐 나갈 정책 방향에 대해 들을 수 있었습니다.

그뿐만 아닙니다. 리포터가 길거리에 나서서 시민들을 대상으로 후보 선호도를 조사하고, 지지 후보를 응원하는 메시지를 영상으로 남기도록 유도했습니다. 그리고 마침내 선거 당일, 투표를 마치고 나오는 시민들을 대상으로 출구 조사를 하여 당선자를 예상하는 방송을 내보냈습니다. 선거가 마감된 이후에는 실시간으로 개표 결과를 집계해 가며 두 후보의 모습을 시민들에게 중계했습니다.

후보들은 일시적으로 표를 많이 얻었다고 해서 기뻐할 수도 없고, 상대방의 표가 앞섰다고 해서 낙심한 표정을 지을 수도 없었습니다. 의연하고 담담한 표정으로 감정을 숨기지 않으면 미디어는 섬세한 표정까지 잡아내서 시민들에게 그대로 전달할 것이기 때문입니다. 개표율 70%를 넘어서면서 당선이 거의 확실시 된다는 발표가 나오자 한 후보는 안도의 미소를, 다른 후보는 패색이 짙은 한숨을 내쉬었습니다.

그리고 마침내 개표가 완료된 새벽 두 시경, 서울 시장으로 당선된 박원순 후보는 엄숙하고 진중하게 당선의 기쁨을 표현했습니다.

사실 박원순 후보가 서울 시장으로 나서기까지 야권은 치열한 후보 경쟁을 벌였습니다. 여당 후보가 거의 확실시 된 상황이었기 때문에 그에 맞설 히든카드가 필요했던 것입니다. 여러 명의 후보가 거론되었지만 그 가운데서도 야권 단일 후보를 내세워야 한다는 목소리가 높았습니다. 그리고 마치 9회 말 막판 뒤집기 한판승처럼, '안풍'으로 불리는 안철수 서울대 교수를 배후로 두고 박원순 후보가 최종 지명되었습니다.

박원순 후보와 나경원 후보, 두 사람은 무소속과 여당 소속으로 경쟁 구도를 만들어 나갔습니다. 재래시장으로, 재활원으로, 독거노인과 젊은이들을 만나기 위해 그들은 발로 뛰어다녔습니다. 밤을 못 자고 끼니를 거를 때도 많았습니다. 그들에게 일어나는 모든 일들이 시민들에게 보도되었습니다. 미디어와 뉴미디어는 어떻게 하면 그들의 행보를 보다 많은 사람들에게 잘 전달할 것인가를 두고 고심하며 그들과 함께 동분서주했습니다.

사람들은 뉴스나 특집 보도를 통해 열심히 활동하는 그들의 모습을 보면서 그들이 성실하며, 열심히 일하고, 꽤나 능력이 있는 사람들이란 것을 알 수 있었습니다. 반면 TV공개토론을 통해 두 사람이 신랄하게 서로를 비난하면서 밑바닥 싸움을 벌이는 모습도 시민들에게 그대로 노출되었습니다. 사람들은 텔레비전을 보면서 그 앞에서 "쯧쯧, 저럴 줄 알았어" "무슨 소리를 하는 거야? 자기는 뭘 잘했다는 거지?" "저런 말도 안 되는 소리를……" "옳지. 내가 하고 싶은 말이 바로 그거라니까" 하면서 혼잣말을 해댔습니다. 아니, 어찌 보면 그들은 텔레비전이라는 미디어를 의인화시켜서 그 미디어와 대화하고 있었던 건지도 모르겠습니다.

미디어는 정치와 대중 사이에서 중매쟁이 역할을 하고 있습니다. 남자와 여자를 소개할 때, 중매쟁이의 역할은 서로에 대한 호감이 상승할 수 있도록 좋은 점을 부각시키는 것입니다. 그리고 가능하면 단점과 결점은 보이지 않도록 상대방의 눈에 콩깍지를 씌우는 역할도 합니다. 때론 끈적끈적한 아교 역할을 해야 하고, 때론 화끈하게 밀어붙여서 둘 사이가 가까워지도록 하는 게 능력 있는 중매쟁이의 필수 요소입니다.

그런 면에서 미디어는 정치와 국민 사이에서 가장 능력 있는 중매쟁이 역할을 수행하고 있습니다. 그래서 국민의 여론을 전달하고 반영함으로써 간접민주주의를 실현하는 데 앞장서고 있습니다. 미디어는 사람들에게 정치에 대한 관심을 불러일으키거나 혹은 과잉된 관심을 다른 곳으로 돌리는 기능을 수행하기도 합니다. 또한 권력 집단에게는 새로운 정책의 취지를 국민이 납득하기 쉽도록 전달함으로써 지지를 얻게 해주고, 미디어에 반영되는 대중의 의견을 정책에 반영할 수 있도록 다리 역할을 해왔습니다.

정치적으로 논의할 대상 또는 주제를 제시하고 그것을 규정하며, 사회적 논의의 대상으로 부각시키는 데 미디어는 탁월한 능력을 발휘했습니다. 정치적 의제는 미디어가 수행하는 사회적인 의견 및 토론 매개 능력에 의해 사회적 관심을 끌고 토론의 대상으로 발전했습니다.

미디어는 특히 민주주의 발전과 고착화 단계에서 시민에게 그 사회의 정치문화를 가르쳐 주는, 이른바 정치사회화 기구로 사용되었습니다. 미디어는 정치 과정에 대한 시민들의 참여를 조직하고, 신진 정치 인력을 양성하는 기구로 작동하기도 하고, 신진 인력의 정치적 충원을 위한 매개자로서 작동해 왔습니다.

하지만 미디어는 시간적 공간적 한계를 갖고 있기 때문에 여론이나 사회상을 충실하게 반영하기 어렵다는 문제점을 갖고 있습니다. 특히 내적·외부적인 통제나 압력이 있을 때 혹은 편향된 시각을 갖고 있을 때, 미디어는 사회적 현실을 진실하게 반영하기 어렵습니다.

또한 일반 시민이 미디어를 정치적으로 이용한다 하더라도, 그것은 거시적이고 근본적인 정책 개선을 요구하는 측면이 아닌 사소한 행정 불편과 불만 처리 정도에 머물기 쉽습니다.

즉, 정치 과정에 시민의 참여를 유도하는 도구가 되는 동시에 실질적이고 대대적인 참여를 가로막는, 상징적인 참여 정도에 만 그치도록 합니다.

　정치 권력과 미디어 사이의 관계에서 미디어가 권력에 종속 되거나 권력과 언론 사이에 유착관계가 형성될 경우 미디어는 권력층의 선전 및 대중 조작 수단이나 국민적 동원을 위한 수 단, 또는 여론 관측 기구로 전락하고 맙니다. 이 경우 미디어 는 사실상 정부 권력 기관과 다를 바 없습니다. 특히 텔레비전 은 그 자체가 지니는 속성 때문에 이미지 정치의 도구로 전락 하기 쉽습니다.

　미디어는 권력 기관으로서 일반 시민에게 부정적인 영향을 끼칠 수도 있습니다. 미디어는 국민에 의해 선출되지 않았음 에도 불구하고 그 자체로 막강한 권력을 보유하고 있습니다. 미디어는 또한 보수적 지배 원력의 대중적 기반을 확대하고 재생산함으로써 기존 질서를 유지하고 변화를 가로막는 현상 유지 기능을 수행하기도 합니다.

　인간을 만물의 영장이라 하고 미디어 또한 인간이 만들었지만, 미디어는 인간의 구속과 한계를 벗어나 자신의 영역을 스스로 구축했습니다. 그리고 사람보다 더 확실한 개성과 무한한 능력을 발휘하며 전 세계인들의 사랑을 한 몸에 받고 있습니다. 어떻게든 그의 눈에 띄어 보고자 하는 사람들이 다양한 방법으로 추파를 던집니다. 그리고 미디어의 간택을 받은 누군가는 삶에서 최고의 영광을 맞기도 합니다.

인간과 미디어……. 이제는 주종의 관계를 따질 수 없는 사이지만, 미디어가 인간의 자리를 넘보고 있으며 사회적 지위가 역전될 날도 멀지 않은 듯 보입니다.

3
칼이 되다

양날의 칼,
칼날과 칼자루

'칼은 백정의 손에 들어가면 사람의 목숨을 빼앗는 데 쓰이지만, 의사의 손에 들어가면 사람의 목숨을 살리는 데 쓰인다'고 합니다. 칼은 그 자체로써 선과 악을 말하기에 무리가 있습니다. 그것이 누구의 손에 들어가느냐에 따라 용도와 역할이 달라지기 때문입니다.

미디어도 마찬가지입니다. 때로 미디어는 정치 권력의 시녀가 되어 그들을 찬양하거나 국민들의 눈과 귀를 가리는 역할을 합니다. 때로는 정치권을 향해 결정타를 날림으로써 국민들의 가려운 곳을 시원하게 긁어 주기도 합니다. 그것은 미디어의 칼자루를 쥔 사람이 누구이며 그가 어떤 의도를 가지고 있느냐에 따라 달라집니다.

'양날의 칼' SNS 홍보… 잘쓰면 폭발적 호응, 악용하단 끔찍한 역풍류현정

"인터넷에 기업을 비난하는 나쁜 댓글(악플)이 자꾸 올라오면, 담당자는 좋은 댓글을 다는 아르바이트생이라도 고용하고 싶은 마음이 듭니다. 하지만 실제로 그렇게 하는 순간 기업의 신뢰도는 회복하기 어려울 정도로 추락합니다."

트위터나 페이스북 등으로 개인의 목소리를 쉽게 확산하는 시대에는 역설적으로 신뢰 있는 콘텐츠와 기업의 투명한 운영 전략이 더 가치를 발한다고 마케팅 전문가들이 입을 모아 말했다.

지난 9일 서울 양재동 엘타워에서 조선비즈와 위키트리가 공동 주최한 'SNS 홍보 2012년 실행전략'에서 정광열 삼성전자 커뮤니케이션팀 부장은 "공정거래위원회가 댓글 알바 행위에 대해 시정조치를 내리거나 형사고발에 처할 수 있다"면서 "조직원 스스로 제품을 정직하게 홍보한다는 원칙을 무너뜨리면, 기업 전체 이미지에 먹칠할 수 있다"고 말했다.

최근 삼성전자는 '네티즌 수사대가 무섭지 않으냐'로 시작하는 사내 교육용 동영상을 만들고 온라인 소통 원칙도 만들었다. 소셜 미디어를 이용해 경쟁사를 익명으로 비난하거나 사실에 근거하더라도 전체적인 맥락에서 진실에 부합하지 않는 홍보를 하면 오히려 역풍을 불러일으킬 수 있다는 것을 직원들에게 알려주기 위해서다.

실제로 소셜 미디어를 잘못 이용해 소비자의 신뢰를 잃은 사례는 적지 않다. 미국 최대의 온라인 영화 사이트 넷플릭스는 분사 계획을 동영상 공유 사이트인 유튜브로 발표했다가 사용자들의 빈축만 샀다. 온라인 영화감상 사업과 DVD 대여 사업을 분리한다는 넷플릭스의 계획은 요금 인상으로 이어질 수 있는데도 유튜브 동영상에선 충분한 설명이 없었다.

네티즌들의 비난 댓글이 봇물처럼 터져 나오고, 유튜브에는 넷플릭스를 비꼬는 패러디물도 잇따라 등장했다. 주가까지 크게 하락한

넷플릭스는 당초 계획을 철회했다. 고민호 구글코리아 부장은 "넷플릭스는 유튜브라는 새로운 미디어를 활용했지만, 결국 혼선만 줬다"면서 "기업의 일방적인 설명은 참여와 공유를 중요시하는 소셜미디어에서는 최악의 홍보"라고 말했다.

신병규 KT 소셜마케팅 팀장은 "무엇인가 정의롭다고 평가받으면 사용자의 폭발적인 참여가 일어나는 곳이 또한 소셜 미디어"라고 설명했다. 이 회사는 지난 8월 '위대한 천원! 페이스북 독도 광고 캠페인'을 벌였다. 1,000원만 내면 누구나 페이스북에 독도 응원 광고를 실을 수 있도록 한 것. KT는 참여자가 늘 때마다 광고비의 절반을 지원했다. 입소문을 탄 이 캠페인에는 누적인원 5,030만 명이 참가한 것으로 집계됐다.

2011. 12. 13 조선비즈 기자
dreamshot@chosunbiz.com

이미 우리 삶과 떼어놓을 수 없는, 삶의 일부가 돼 버린 미디어는 양날의 칼처럼 긍정적인 면과 부정적인 면을 모두 갖추고 있습니다. 그것은 이용하는 사람이 어떤 식으로 접근하느냐에 따라서 날카롭거나 혹은 무딘 칼날이 됩니다. 그리고 그 칼날을 들어 어떻게 활용하느냐 하는 것도 전적으로 이용하는 사람의 몫입니다.

양날의 칼 중 미디어의 긍정적인 면을 먼저 살펴보자면, 첫째 방대한 양의 정보 전달력을 손꼽을 수 있습니다. 미디어는 개인과 집단이 정보를 공유할 수 있도록 하고, 그 정보를 통해 개인과 개인, 집단과 집단 혹은 개인과 집단이 결속하도록 돕습니다.

두 번째는 미디어가 기록의 수단이 된다는 것입니다. 민족과 국가의 독특한 문화를 기록으로 남김으로써 후대에 전달할 수 있으며, 그 기록을 바탕으로 후대의 발전을 이끌 수 있습니다.

세 번째는 미디어의 오락적인 기능입니다. 음악, 영화, 시사 토론, 드라마, 예능까지 다양한 볼거리와 즐길 거리를 보여 줍니다. 사람들은 복잡한 일상에서 벗어나 미디어가 제공하는 오락 기능을 향유하며 휴식하거나 여가를 메꿉니다. 이렇게 공유된 오락적 기능은 때로 대중들의 지적 수준과 생활 수준을 높이는 작용을 합니다.

환경 감시 기능도 미디어의 중요한 기능 중 하나입니다. 최근에 다큐멘터리로 제작, 방영된 "지구의 눈물 시리즈", 즉 '북극의 눈물' '아마존의 눈물' '아프리카의 눈물' '남극의 눈물'은 사람들에게 정보를 줌과 동시에 현실을 알리고 환경 파괴에 대한 경각심을 불러일으켰습니다. 오염되고, 개발되고, 불태워지고, 살생되고, 파괴되는 지구 환경을 미디어가 알리지 않는다면 사람들은 자기가 살고 있는 환경을 이 지구 환경의 전부인 것으로 착각하다가 어느 날 최악의 종말을 맞게 될 것입니다.

미디어의 긍정적인 면이 강렬하고 다양한 것처럼, 부정적인 측면도 이에 비례합니다. 부정적인 면의 첫 번째를 손꼽자면, 과다한 정보로 인해 사람들의 스트레스가 늘었다는 것입니다. 처음 인터넷이 보급될 때 캐치프레이즈가 '정보의 바다'였습니다. 바다처럼 깊고 넓은 정보가 클릭 몇 번으로 펼쳐지고, 그 중에서 자신이 원하는 정보를 찾아낼 수 있기 때문입니다.

그러나 열 개 중 하나를 고르기는 쉬워도 1만 개 중 하나를 고르기는 어렵습니다. 또한 검증 없이 무작위로 올라온 정보

중에서 옥석을 가려 자신의 것으로 만드는 것은 더욱 어렵습니다. 선택의 폭이 넓어진 만큼 혼란의 폭도 넓어진 것입니다. 사람들은 경쟁을 하듯 정보를 습득해 나가는 데 혈안이 돼 있습니다. 그러나 백과사전을 머릿속에 넣는다고 해도 인터넷과 비교해 봤을 때 털끝 정도에 지나지 않으므로, 이제 도저히 인간의 두뇌와 인터넷의 정보량을 비교할 수 없는 지경에 이르렀습니다.

예전에는 박학다식한 사람을 '걸어 다니는 백과사전'이라고 불렀지만 요즘은 '네이버 지식인'이라고 부릅니다. 아이들이 부모에게 모르는 교과 내용을 물어보면 부모들은 아무렇지도 않게 "엄마 잘 모르니까 네이버 지식인에 물어봐"라고 말합니다. 회사에서 부장이 지시한 말을 잘 못 알아들었거나 컴퓨터 프로그램 사용법을 잘 모를 때, 사람들은 재빨리 컴퓨터 앞에 앉아 포털 사이트의 검색창을 엽니다.

모든 것이 인터넷으로 통하는 세상. 그러나 첩첩으로 쌓여 있는 정체 모를 정보들 속에서 사람들은 종종 길을 잃곤 합니다.

최근 들어 심각한 문제로 등장한 것이 '개인정보의 유출'입니다. 사용자가 많다는 것은 개인적인 정보가 많이 유출되어 있다는 것과 같은 말입니다. 회원이 많은 사이트일수록 정보 유출의 위험이 더 큽니다. 유출된 개인정보는 금전적 피해를 불러올 수 있고, 개인의 이미지 실추와 사기 등에 악용됩니다. 그래서 개인정보 유출 문제가 발생하면 가입자들은 즉각적인 집단 행동을 취하며 피해 보상을 요구하고 나서는 것입니다.

　미디어가 지배층의 이용물이 될 수 있다는 것도 미디어로서는 늘 경계해야 할 문제입니다. 자본주의에서는 자본과 매체가 자본가에 의해 좌지우지되는 경우가 많습니다. 기득권을 쥔 정치권의 입김에 영향을 받기도 합니다. 그것은 피할 수 없는 문제지만, 미디어가 자본가와 정치가의 권력에 휩쓸리면 더 이상 매스미디어로서의 기능을 할 수 없습니다. 말 그대로 그들의 시녀가 되는 것입니다.

　예를 들어, 후보자의 선거 대결에서 매스미디어가 보도의 공정성을 잃고 특정 후보의 좋은 점만, 다른 후보의 나쁜 점만을 보도하여 특정 후보를 지지한다면 사람들은 미디어에 비친 그 모습대로 후보를 판단하게 됩니다. 실제로 그런 방식으로 미디어가 선거에 영향을 미친 경우가 많습니다.

　그러나 그렇게 해서 뽑힌 후보가 얼마나 훌륭한 정치를 펼칠지 그리고 묻어 두었던 나쁜 면이 영원히 비밀에 붙여질 수 있을지는 의문입니다. 후보는 당선을 위해 이용했던 미디어에 의해 어느 날 꼬투리를 잡히게 될 것입니다.

그럼에도 불구하고 경제적·정치적 지배층은 미디어를 자신의 편으로 끌어들여 이용하기 위해 끊임없이 연구하고 있습니다. 미디어를 정권 유지의 도구로 삼고, 자신의 부를 정당화하거나 세력을 과시하는 도구로 삼기 위해 때론 타협하고 때론 회유합니다.

미디어는 '획일화'하려는 경향이 있습니다. 개인의 능력이나 개성은 무시됩니다. 동시에 똑같은 내용을 송출하여 똑같은 정보를 전달합니다. 미디어를 보면서 사람들은 똑같은 옷을 입고, 똑같은 밥을 먹고, 똑같은 생각을 합니다. 미디어가 뿌린 씨앗에 따라 사람들의 머릿속에서 솟아나는 생각의 씨앗이 비슷비슷합니다. 미디어 앞에서 개인의 특성을 살려 발전해 나가기란 쉽지 않습니다. 미디어는 '다름'에 대해 관대하지 않기 때문입니다.

미디어의 장점이지만 곧 단점이기도 한 노출성은 수위를 조절하기가 쉽지 않은 문제입니다. 미디어는 고유의 특성을 살려, 보도하고 전달하는 데 최선을 다한다고 하지만 때론 노출의 정도에 따라 사회에 악영향을 미칠 수 있습니다. 뉴스 보도에서 현장의 핏자국과 흉기를 모자이크 처리하는 것, 상세한 범죄 과정을 알리지 않는 것 등은 모방범죄를 예방하기 위한 방법입니다. 잔인하거나 선정적인 방송을 청소년들이 시청하지 못하도록 연령 제한 아이콘을 방송 자막으로 내보내는 것도 예방 차원의 노력입니다. 그러나 그것이 얼마나 큰 실효를 거두고 있는지는 의문입니다.

잘못된 정보 전달도 미디어의 병폐로 지적됩니다. 대부분의 사람들이 지식과 정보를 얻기 위해 미디어를 이용하는데, 거기에서 잘못된 정보를 유출한다면 사람들은 옳고 그름에 대한 기준 없이 일방적으로 전달된 미디어의 정보를 진실로 믿게 됩니다.

많은 전문가들이 이런 잘못된 정보 전파가 미치는 영향을 조사해 왔습니다. 특히 정치 선거 대결에서 매스미디어가 보도의 공정성을 잃는다면 사람들은 계속해서 그릇된 정보를 받게 되고 선거 후보자들의 나쁜 점만을 인식함으로써 잘못된 선택과 불신임을 갖게 됩니다.

그렇다면 양날의 칼로 작용하는 미디어의 문제점을 개선하는 방법은 없을까요?

미디어의 부정적인 면이 완전히 사라지진 않겠지만, 좀 더 교묘한 방법으로 숨겠지만, 견제 세력이 끊임없이 경각심을 일깨운다면 미디어의 편향이 조금 줄어들 것입니다. 누군가는 '달걀로 바위 치기'라며 비웃을 것입니다. 그러나 달걀의 목적은 바위를 깨기 위한 것이 아니며 견제하기 위한 것입니다.

새롭게 등장한 미디어, 즉 뉴미디어가 양방향 소통의 창구를 열면서 달걀의 역할을 하리라 기대해 봅니다.

자르고, 붙여 넣고……

미디어는 많은 것을 다양하게 보여 주지만, 다 보여 주지는 않습니다. 정해 놓은 틀로 재단하여 의도에 따라 전달하는 게 미디어입니다. 이것을 '프레임 효과'라고 하는데, 미디어의 프레임 효과는 마법이라고까지 불릴 정도입니다. 똑같은 장면이라도 어떤 프레임을 어찌 적용하느냐에 따라 전혀 다른 것으로 보이기 때문입니다.

한때 인터넷에서 유행한 사진이 있습니다.

　세 장의 사진을 보면서 어떤 생각을 했습니까? 살면서 자신이 봐 온 것이 과연 완전한 진실이라고 장담할 수 있습니까? 이 사진은 어떤 프레임을 적용하느냐에 따라서 '전쟁터에 꽃핀 인간애' 혹은 '전쟁의 참상'이란 제목을 붙일 수 있습니다. 그리고 '인간애'냐 '참상'이냐에 따라 사진에 대한 평가가 달라집니다.

　우리가 언론을 통해 보는 진실은 말 그대로 보여지는 진실일 뿐, 완전한 진실이기는 어렵습니다. 보도하려는 사람의 의도가 프레임에 반영되어 그것을 향수하는 사람은 프레임과 똑같은 시각을 갖게 됩니다. 프레임은 미디어의 눈이자 곧 향수층의 눈입니다.

　그런데 더욱 재미있는 것은, 미디어가 똑같은 프레임을 적용하여 전달한다고 해도 그것을 받아들이는 사람에 따라 해석이 달라진다는 점입니다. 미디어를 접하는 사람들 역시 자기가 보고 싶은 진실의 일부분만을 보려고 하기 때문입니다. 미디어는 전달하고자 하는 의도, 받아들이는 사람의 취향과 구미의 중간에서 타협점을 찾습니다.

사진에서의 프레임이 텔레비전에서는 '편집'이란 이름으로 적용됩니다. 짧은 시간 안에 보다 재미있게 내용을 응축해서 전달하는 것이 관건인 편집은, 촬영보다 훨씬 복잡하고 기술을 요하는 작업입니다. 물론 여기에도 전달자의 의도가 반영됩니다.

근래 들어 서바이벌 프로그램이 많아지고 거기에 도전하는 도전자의 수도 늘면서 프로그램 편집에 대한 논란도 많았습니다. 올해로 3회째를 맞는 엠넷의 "슈퍼스타K 3"는 '악마의 편집'이라 불릴 만큼 편집에 심혈을 기울인 방송입니다. 그도 그럴 것이 196만 6천여 명이나 되는 도전자들의 오디션 모습을 특색을 살려 짧은 시간 안에 담아내야 하기 때문입니다.

템포가 빠른 편집, 적절한 음향 효과는 오디션의 긴장감을 높이는 동시에 출연자의 개성을 포착하여 시청자들에게 재미있게 전달하는 데 한몫했습니다. 그러나 편집의 영향력이 크면 클수록 논란의 여지와 위험성도 커집니다.

Chapter 02
정치의 시녀가 될 것인가,
정치의 반려자가 될 것인가

"편집의 묘미 vs 조작"…
'악마편집'을 향한 엇갈린 시선

2011-09-20 [Dispatch=서보현기자]

"재미 살리는 편집 묘미" vs "오해 일으키는 조작 편집"

케이블 채널 M.net '슈퍼스타K 3'(이하 '슈스케3') 악마의 편집이 도마 위에 올랐다. 캐릭터별 성향을 빠른 속도로 집중마크한 악마의 편집. 호기심을 불러일으키고 재미가 있다는 의견과 조작과 왜곡을 자행한다는 의견 사이에서 줄다리기를 하고 있다.

예리밴드와 '슈스케3' 제작진의 갈등은 악마의 편집에 대한 시각차를 단적으로 보여 주는 예다. 지난 18일부터 시작된 진실공방은 감정싸움으로 번지고 있다. 예리밴드는 성희롱 기준을 예로 들며 모멸감을 느꼈다는 입장을 전하며 재차 왜곡 편집을 주장하고 나섰다.

예리밴드 vs 슈스케, 갈등의 출발점은 같았다. 라이벌 미션 당시 예리밴드와 헤이즈의 의견 충돌이 있었다는 점에서 시작했다.

그러나 해석차는 극과 극이었다. 시각에 따라 편집 묘미와 편집 조작으로 나눠 볼 수 있었다.

편집 묘미…"포인트로 재미 유발"

편집 묘미를 강조하는 측은 방송의 재미를 우선순위에 두고 있다. 방송 시간은 녹화 분량의 10분의 1. 시간이 한정돼 있는 만큼 가장 강렬한 포인트를 잡아 보여 주는 것이 필요하다. 빠르고 압축된 편집으로 재미를 더하고 긴장감은 유지시킬 수 있다.

예리밴드의 경우 불협화음에 초점을 맞췄다. 갈등 관계를 짐작할 수 있게끔 가장 강렬한 멘트와 표정을 이어붙인 것. 예를 들어 헤이즈가 "떨어져 버리면 끝나는 건데"라고 말하자 예리밴드가 "그냥 마음대로"라고 받아치는 장면은 편집으로 재구성됐다. 실제는 더 많은 이야기가 오갔지만 그 두 단어만 골라 의견 충돌을 단적으로 보여 줬다.

한 방송 관계자는 "녹화한 분량 모두를 방송에 내보낼 수는 없다. 포인트를 잡는 것은 불가피하고, 그것이 편집의 묘미"라며 "맥락을 유지하는 선에서 특징을 강조하는 것은 재미를 유발할 수 있는 중요한 장치다"라고 밝혔다.

편집 조작…"과장 연출로 본말 전도"

편집 조작을 주장하는 측은 본말 전도를 우려했다. 순서 바꾸기와 짜깁기 등 극단적인 편집으로 오해의 소지가 다분하다는 것. 뉘앙스의 차이로 시청자의 해석이 천차만별 달라질 수 있는 만큼 신중한 편집이 필요하다는 입장이다.

예리밴드와 헤이즈의 갈등이 그 예다. 두 밴드가 의견 충돌이 있었던 것은 사실. 그러나 과장됐다. 일례로 미션 회의 중 헤이즈의 "협연이 아니잖아요" 말 뒤 예리밴드가 "나는 반대"라고 하는 것은 만들어진 장면이다. 원본에서는 "나는 반대"라는 말이 없었다. 다른 상황에서 한 말을 짜깁기해 붙인 것이다.

연예 관계자는 "갈등을 극대화하기 위해 당시 하지 않았던 멘트와 표정을 이어붙이는 것은 잘못됐다. 과장된 편집으로 조작과 왜곡 위험성이 있다"며 "전체적인 맥락을 유지해 오해의 이미지를 만들지 않도록 해야 한다"고 말했다.

향후 전망…"수위조절로 잡음 제거"

'슈스케3'은 예능 프로그램이다. 예능의 미덕은 재미다. 시청자에게 웃음을 주는 것이 우선순위다. 그 과정에서 특정 부분을 강조하는 것은 불가피한 일이다. 그러나 본질을 왜곡시켜서는 안될 일이다. 무엇보다 전체적인 맥락을 유지하는 것이 중요하다.

편집 논란을 피하기 위해서는 제작진과 출연진의 조율이 선행돼야 한다. 프로그램의 방향에 대한 충분한 설명이 뒷받침돼야 한다. 특히 '슈스케3'처럼 일반인을 대상으로 한 프로그램의 경우 신중한 접근이 중요하다.

'슈스케3'의 빠른 편집 스타일은 유지될 전망이다. 다만 수위 조절은 이뤄질 예정이다. 제작진은 "더 이상의 불미스러운 사태가 일어나지 않도록 보다 신중히 제작하겠다"며 "수많은 시청자와 참가자들에게 기회의 장이 될 수 있도록 만전을 기하겠다"고 약속했다.

Chapter 02
정치의 시녀가 될 것인가,
정치의 반려자가 될 것인가

실제로 방송이 나갔을 때, 예리밴드 팬과 헤이즈 팬들은 서로의 입장에서 첨예하게 대립하며 자신이 지지하는 밴드를 옹호했습니다. 그 대립 각이 커지자 슈퍼스타K 측은 마침내 원본을 공개하기에 이르렀고, 그것을 본 사람들은 진실의 전말을 알 수 있었습니다. 물론 뒤통수를 친 편집의 기술에 대해서도 배신감을 느꼈습니다.

　하지만 위와 같은 일은 예능에서 일어난 사소한 일화에 불과합니다. 이것이 정치권에 개입되면 문제는 크고 심각해집니다. 미디어에 대한 국민들의 의존도가 커지고, 뉴미디어의 파급 효과는 하루가 다르게 거대한 세력을 형성해 가고 있습니다. 뉴미디어는 공공 대중의 목소리를 실어 나르기도 하지만 개인의 목소리가 커지는 장소기도 합니다. 그래서 뉴미디어는 자신의 생각과 감정을 여과 없이 배출하여 때로는 사회의 물의를 일으키는 근원지로 떠오르기도 합니다.

　자르고 붙여 넣는 동안 미디어는 날이 잘 선 칼날이 되어 누군가의 심장을 겨누고 있을 지도 모릅니다. 자신이 아무렇지 않게 던진 돌멩이 하나가 사회의 파장이 될 수 있으며 누군가에게 비수가 되어 꽂힐 수 있음을 기억해야 합니다.

4

양손에 떡을 쥐다

감각의 제국,
미디어

미디어의 영향력은 점점 막대해져서 그 누구도 넘볼 수 없는 거대한 성곽을 쌓은 채 고유의 영역을 확보하고 있습니다. 텔레비전과 라디오에만 국한돼 있던 전파미디어가 케이블 채널을 포함하더니 이제는 인터넷과 휴대폰까지 흡수, 제국의 영토를 확장했습니다. 미디어의 채널이 다양해지자 사람들은 더욱 다양한 각도로 미디어를 접하게 되었습니다. 그리고 미디어를 통해 정보를 얻는 것은 물론 커뮤니티 공간을 확보하고,

자신의 개성을 표출해 나갔습니다.

그러나 미디어가 다양해지면서 사람들은 미디어에서 받아들이는 정보 혹은 이미지들을 제대로 분별할 수 없을 지경에 이르렀습니다. 사람들은 미디어가 제시하는 이미지들을 비판적으로 분석하기보다, 수동적으로 그저 받아들이는 것에만 익숙해져 버린 것입니다.

또한 미디어와 미디어끼리의 경쟁이 심해지면서 다른 미디어보다 우위를 선점하기 위한 노력도 치열해졌습니다. 조금 더 확실하고 경쟁력 있는 콘텐츠를 개발하기 위해 자극적인 이미지를 구축했습니다. 복잡하고 심오한 이미지보다는 단순하고 자극적인 이미지가 쉽게 기억되기 때문입니다. 사실관계를 무시하면서까지 한 가지에 초점을 맞추고, 이를 이미지로 구축하여 재생산하려고 노력합니다. 그리고 사람들은 그렇게 재생산된 이미지를 소비합니다.

이로 인해 심각한 문제들이 발생하기 시작했습니다. 사람들의 관심을 끌기 위해 경쟁적으로 '좀 더 자극적인' 이미지를 구축하다 보니 사실과 다른 이미지가 구축되거나 그로 인한 피해를 호소하는 목소리가 높아졌습니다. 왜냐하면 사람들은 미디어를 통해 전달된 이미지를 사실 혹은 진실이라고 믿기 때문입니다.

　이렇게 재생산된 이미지로 인해 '루저녀' 논란이 시작되었습니다. 루저녀 논란이란 한 프로그램에 출연한 여대생이 키가 180cm 이하인 남자를 통틀어 '루저(loser)'라고 표현하였고, 이 프로그램을 시청한 많은 사람들이 '루저'라는 표현에 분노하면서 인터넷을 뜨겁게 달군 사건입니다. 다음은 방송이 나간 이후 텔레비전 보도 기사입니다.

"키 작은 남성은 루저다"

지상파 예능프로그램에서 여대생의 '패배자'를 뜻하는 '루저' 발언으로 인터넷에서는 이른바 '루저녀 논란'이 일고 있습니다.

　네티즌들의 거센 비난이 이어지고 있고, 키가 작은 30대 남성은 해당 방송국을 상대로 손해배상을 청구했습니다.

이승현 기자가 보도합니다.

[리포트]

"키가 180cm가 되지 않는 남자와 사귀기 싫다"
"키 작은 남성은 루저다"
KBS '미녀들의 수다'에 출연한 여대생 이 모 씨의 발언에 네티즌
들은 격렬한 반응을 보였습니다.

개인 신상 폭로에 이어 소속 대학에 대한 공격과 근거 없는 비난이
이어지고 있고 톰 크루저, 마틴 루저킹 등 비난 패러디가 봇물을
이뤄 '루저의 난'이라는 표현까지 등장했습니다.

상황이 이렇게 되자 이 모 씨는 학교 홈페이지에 해명글을 올리
고, "인터넷에 떠도는 사적인 정보와 루머, 악플 때문에 힘든 시간
을 보내고 있다"며 "루저 발언은 작가 측에서 대사를 만들어 대본
을 써준 것이었다"라고 주장했습니다.

시청자들도 제작진의 선정적인 제작 행태를 강하게 비판했습니
다. 공영방송으로서 방송 내용이 미칠 파장을 고민하지 않았다는
것입니다.

이에 대해 KBS는 '제작진의 입장'이라는 글을 홈페이지에 올
려 "시청자에게 오해와 불쾌감을 줄 수도 있다는 사실을 간과했던

점에 대해서 사과의 뜻을 전한다"고 해명했습니다.

이런 가운데 키가 162cm인 30대 남성은 정신적인 피해를 입었다고 KBS를 상대로 손해배상을 청구하는 조정 신청까지 냈습니다.

여대생의 무분별한 발언과 방송의 선정적인 제작 방식이 일으킨 '루저 논란'으로 KBS는 대규모 손해배상 청구 소송에 휘말릴 가능성도 배제할 수 없게 됐습니다.

YTN 이승현[hyun@ytn.co.kr]입니다.

실제 방송에서는 그 여대생이 논란과 상관없는 많은 발언을 했고, 단순히 자신의 이상형을 말한 것으로 볼 수 있습니다. 그러나 미디어는 이를 좀 더 자극적인 이미지로 만들기 위해, 그 여대생이 모든 키 작은 남자를 비하한 듯 이미지를 재생산했습니다. 그 여대생은 자신의 이상형이나 개인적인 생각을 말했을 뿐인데 미디어가 이를 경쟁적으로 이용하기 위해 자극적인 이미지로 재생산함으로써, 그 여대생은 많은 남성들 사이에서 '공공의 적'이 되고 말았습니다.

'루저녀' 논란이 사회적 문제로까지 커지면서 마녀 사냥이 시작되었습니다. 사람들은 그녀의 사생활을 캐내 앞 다투어 인터넷에 올렸습니다. 어린 시절의 사진과 병원 진료 기록, 인터넷 사이트에 올린 글, 타 사이트 활동 내역, 가입한 인터넷 카페 등 '네티즌 수사대'의 활약은 입이 떡 벌어질 정도였습니다.

그 때문에 여대생은 많은 비판과 비난을 받으며 사생활을 침해당하는 등 피해를 겪었습니다. 그리고 네티즌들이 학교 홈페이지에 이 학생의 퇴학 조치를 요구하는 글이 쇄도하는 바람에 자유게시판이 폐쇄조치 되고 결국 그녀는 학교를 그만둘 수밖에 없었습니다.

이 사건을 계기로 해당 프로그램 역시 많은 질타를 받고 제작진이 교체됐습니다. 이러한 조치는 미디어가 스스로 잘못을 인정한 것이라고 볼 수 있습니다. 만일 그 여대생이 자신의 생각을 자발적으로 말한 것이라면 굳이 제작진을 교체하지는 않았을 것입니다. 제작진을 교체한 상황으로 봤을 때, 그것은 자신들이 자극적인 이미지를 재생산했으며 그로 인해 사회적 물의를 일으킨 데 대한 잘못을 인정하고 '제작진 교체'라는 카드를 꺼내 듦으로써 시정하겠다는 의지를 보여 준 것입니다.

하지만 그 여대생이 출연했던 방송이 나간 지 2년이 훨씬 지난 지금도 루저녀에 대한 논란은 끊이질 않고 있으며, 그녀의 근황을 캐내 인터넷에 올리는 사람들이 아직도 있습니다.

미디어를 통한 자극적 이미지 생산으로 인해 번번이 사회적 물의를 일으키고 사과 방송을 내보내고 있지만, 그렇다고 해서 이러한 문제가 근본적으로 사라지지는 않을 것입니다. 왜냐하면 미디어는 대중들로부터 '시청률'이라는 성적표를 받아야 하고, 대중들은 더 자극적인 것을 원하므로 좋은 성적을 받으려면 자극적인 이미지 생산을 줄일 수 없기 때문입니다.

다큐멘터리, 뉴스도 사실을 그대로 전달하는 데 그치지 않고 작가와 앵커의 감정을 섞어서 방송을 합니다. 개인의 감정이 드러나는 글은 단순한 '보도'보다 자극적입니다. 사람의 마음을 움직입니다. 미디어는 자극의 범위를 선정성 · 충동성 · 폭력성에 크게 위배되지 않는 선에서 가장 확대하여 전달하기 위해 노력할 것입니다. 그렇게 미디어는 시청률도, 방송의 내용도 지켜갈 것입니다.

대중과 권력, 누구의 편에 설 것인가

미디어는 근본적으로 대중과 행보를 같이합니다. 대중이 공감하고 즐기지 않으면 미디어는 살아남을 수 없습니다. 그래서 미디어는 대중에게 가까이 다가가기 위해, 더 잘 보이기 위해 대중의 비위를 맞춥니다.

미디어는 권력과도 유착 관계를 가집니다. 권력의 편에 서면 많은 이권을 잡을 수 있습니다. 반면 권력의 반대편에 서면 탄압 받거나 아예 미디어가 폐쇄되는 조치를 당할 수 있습니다. 그러므로 가능한 권력의 눈 밖에 날 짓은 하지 않습니다.

대중과 권력. 미디어로서는 어느 하나도 포기할 수 없는 중요한 대상입니다. 하지만 대중은 미디어가 권력을 향해 쓴소리를 해 주길 원하고, 권력은 미디어가 대중을 좀 순종적으로 만들어 주길 원합니다. 권력에게 있어서 대중은 지지기반인 동시에 불편한 존재기 때문입니다. 그래서 미디어는 감각의 제국을 풀 가동해서 대중들의 눈과 귀를 막습니다. 그리고 취재, 시사토론, 집중탐구 등의 프로그램을 통해 권력을 향해 쓴소리를 날리기도 합니다.

이것이 미디어가 살아남는 방법입니다. 미디어는 이 둘의 중간에 서서 적당히 쓴소리를 하거나 적당히 대중의 눈과 귀를 막으면서 자신의 자리를 지키고자 합니다. 양손에 떡을 쥔 채로 어떤 때는 왼손을, 어떤 때는 오른 손을 들어 올리면서 중심을 가늠합니다. 미디어의 입장에서는 어느 한 가지를 내려놓을 수도, 어느 한 가지만을 취할 수도 없는 상황입니다

미디어는 대중과 권력 중 어느 편에 설 것인가를 두고 늘 고민합니다. 과거 군사독재시절에는 언론이 권력의 편에 서야 했습니다. 그러지 않은 미디어는 강제 해체되었습니다. 그 당시 미디어는 주눅이 들어 있었고, 보도에 앞서 자체 심의와 검열을 거쳤습니다. 그러나 '문민정부'를 내세운 김영삼 대통령, '국민의 정부'를 내세운 김대중 대통령, '참여정부'를 내세운 노무현 대통령 시절을 거치면서 미디어는 슬슬 어깨를 펴기 시작했습니다. 그리고 미디어의 발달과 진화 과정에서 개인의 정치 참여가 늘어나면서부터는 활개를 치며 행보하기 시작했습니다.

뉴미디어의 등장은 그 누구도 막을 수 없는 세력을 만들었습니다. 반면 그 세력을 견제하는 세력도 자연스럽게 생겨났습니다. 미디어를 이용하는 사람들끼리 균형을 맞추게 된 것입니다.

이제 미디어는 누구의 편에 서서 말할 것인가에 대한 고민을 조금은 덜었습니다. 스스로 견제하고 제어하는 기능이 생겼기 때문입니다. 이에 반드시 뒤따라야 할 것은 뉴미디어 사용자들의 성숙된 의식입니다. 어린아이가 함부로 칼을 휘두르면 다치는 것처럼, 성숙하지 않은 의식을 갖고 뉴미디어의 위력을 맘대로 휘두르다가는 여러 사람에게 피해를 입힐 수 있습니다.

객관적으로 검증된 정보, 충분히 여과된 감정과 생각을 가지고 접근한다면 뉴미디어의 발전에 큰 힘이 될 것입니다.

5

미디어로
소통하다

새로운 방식의 소통

2011년, 올해 가장 주목을 받은 트렌드를 꼽으라면 단연 소셜 네트워크일 것입니다. 작년부터 우리나라에서 서비스를 시작한 트위터, 페이스북이라는 소셜 네트워크 서비스가 우리나라에 상륙한 지 1년 만에 튼튼한 뿌리를 내리며 자리 잡았습니다. 소셜 네트워크 서비스는 오프라인이 아닌 온라인에서 새로운 사람을 만나고, 그들과 인맥을 구축하는 새로운 '소통'의 혁명을 가져왔습니다.

더군다나 트위터와 페이스북에 가입한 국내 가입자 수가 각

각 500만 명을 넘어서면서 소셜 네트워크에 대한 위상이 점점 높아지고 있습니다. 소셜 네트워크에 올라오는 글들은 뉴스의 중심에 서 있고, 사회 현상과 정치 변동세에 민감하게 반응하며, 하물며 날씨와 개인의 일상까지도 소셜 네트워크의 소재가 됩니다.

올해 소셜 네트워크와 관련해서 가장 화제가 되었던 뉴스를 손꼽자면 '이외수 작가 트위터 팔로워 100만 명 돌파'가 될 것입니다. 그것은 1인 미디어 시대의 개막을 알리는 팡파르입니다. 그간 미디어는 개인이 손댈 수 없는 성역이었습니다. 그런데 소셜 네트워크의 발달과 함께 1인 미디어 시대가 열린 것입니다.

'이외수 작가 트위터 팔로워 100만 명 돌파'라는 말은, 이외수란 작가의 목소리에 귀를 기울이고, 그의 생각을 듣고자 하는 사람의 수가 100만 명이라는 뜻입니다. 경남 창원의 인구수가 약 100만 명이니, 그 정도의 규모가 이외수 작가의 트위터에 쓰인 글을 읽으며 그의 생각에 동화되고 있다고 볼 수 있습니다. 개인이 단시간 안에 이룬 업적이라고는 믿기 힘든 결과입니다.

예전에는 '이외수'라고 하면 사람들은 기인이나 기행을 일

삼는 특이한 사람을 떠올렸습니다. 그러나 이제 사람들은 '이외수'라고 하면 '트위터로 독자와 끊임없이 소통하는 작가'라고 생각합니다. 그는 소통의 또 다른 창구를 연 선두주자가 된 것입니다.

페이스북에 올린 여론 조사에 26만 명이 응답한 것도 놀라운 뉴스입니다. 한 여대생이 학교에서 내 준 과제를 해결하기 위해 페이스북에 "새도로명 주소 사업에 관한 인지도"라는 제목의 설문 조사를 올렸습니다. 그런데 불과 열흘 만에 26만 여 명이 설문 조사에 응답을 했습니다.

페이스북은 친구의 친구로 전해지는 구조기 때문에, 익명이 아닌 친구들의 응답이므로 매우 신뢰도가 높은 결과를 얻을 수 있었습니다. 이러한 결과를 얻기 위해 만일 개인이 직접 발로 뛰어다녔다면 1년이 걸려도 해결하지 못했을 것입니다. 그리고 선뜻 설문 조사에 응하는 사람도 많지 않았을 것입니다. 이것은 소셜 네트워크였기에 가능한 결과였습니다.

카카오톡은 사용자가 3천만 명을 넘어서면서 '국민앱'으로 자리를 잡았습니다. 휴대폰 사용량이 증가하면서 가계 통신비가 급증했는데, 이때 등장한 카카오톡의 '무료문자 서비스'는 스마트폰 사용자에게 무한 감동을 선물했습니다.

카카오톡은 사용료가 무료일 뿐만 아니라 일반 문자와 달리 다중대화가 가능합니다. 즉 그룹토의나 회의를 할 수 있습니다. 여럿이 시간을 맞춰 한자리에 모여야만 가능했던 그룹토의가 이제는 장소에 구애 받지 않고 어디서든 스마트폰을 통해 가능하게 된 것입니다. 뉴미디어는 개인과 개인 사이의 소통을 원활하게 할 뿐만 아니라 그룹과 개인 혹은 그룹과 그룹 간의 소통에도 큰 역할을 하고 있습니다.

사통팔달 팔방미인

뉴미디어는 첨단 기술력을 바탕으로 하기 때문에 그 어느 것보다 새롭고 신기한 기능을 갖추고 있습니다. 특히 스마트폰이 등장하면서 단번에 모든 미디어를 앞질러 '사통팔달 팔방미인'으로 각광을 받고 있습니다.

스마트폰은 다른 뉴미디어와 융합하며 발전해 왔기 때문에 다양한 기능을 갖추고 있습니다. 스마트폰만 있으면 음악을 들을 수 있고, 게임을 할 수 있고, 사진을 찍고, 동영상을 찍거나 볼 수 있고, 음성 녹음과 내비게이션 기능도 가능하고, 인터넷은 물론 시계, 지도 역할도 하고, 필요한 전화번호도 찾을 수 있습니다.

이러한 기능이 스마트폰 안에서 다 해결되므로 MP3플레이어, 휴대용 게임기, 소형 디지털카메라, 개인용 비디오플레이어, 음성 녹음기, 내비게이션, PDA, 손목시계, 종이지도, 전화번호 안내 서비스는 조만간 자취를 감추게 될 것입니다.

거리를 지나가다가 주변 빌딩이나 맛집 등에 대한 정보가 필요하면 휴대폰으로 그 건물을 비추기만 하면 즉석에서 해당 정보를 얻을 수 있습니다. 스마트폰 속에 들어 있는 이른바 증강현실 서비스 덕분입니다.

최근에는 스마트폰의 활용 범위가 일상생활을 넘어서 기업·공공기관으로까지 빠르게 확산되고 있습니다. 삼성SDS, 대한항공, 한진해운, 코오롱, GS칼텍스 등 90여 개 기업은 현재 스마트폰을 활용해 언제 어디서든 회사 업무를 처리할 수 있는 '모바일 오피스'를 구축했습니다. 이들은 스마트폰으로 메일 확인은 물론이고 품의, 결제에 이르기까지 거의 모든 회사 업무를 처리하고 있습니다.

공기업 가운데 서울도시철도공사는 스마트폰을 활용해 고

장 난 곳의 사진을 찍어 전송함으로써 현장에서 바로 고장 신고가 가능하도록 했습니다. 이로 인해 기존에는 3시간 걸리던 작업이 1시간으로 단축되었다고 합니다.

주거와 의료 분야에도 스마트폰 바람이 불고 있습니다. 인천 송도 국제도시 내 초고층 주상복합을 비롯하여 근래에 건축된 주상복합 건물 입주자들은 집 밖에 있으면서도 차량에 설치된 스마트단말기를 통해 집 안의 가스 밸브가 잠겨 있는지 확인할 수 있고, 전등이나 냉난방 시설도 원격으로 제어가 가능합니다.

또한 송도의 한 주상복합 건물에는 집집마다 u-헬스케어 시스템이 설치돼 있어서 측정기기를 통해 가족의 건강 상태를 24시간 모니터링할 수 있습니다. 수시로 건강 상태를 체크하면 병원에 가는 번거로움을 줄일 수 있고 큰 병을 예방할 수 있다는 면에서 매우 큰 장점이 됩니다.

이 모든 기능이 스마트폰 하나로 구현 가능합니다.

심폐소생술이
필 요 한
미 디 어

미디어가 존재하는 이유는 사람들을
보다 편리하고 행복하게 해 주기 위해서입니다.
만약 나름의 삶이 행복하다면, 그대로 만족하다면 미디어는
그저 멀찍이서 지켜보기만 해도 됩니다.

1

갈팡질팡 미디어,
골목에서 질주하다

진실과 괴담,
1인 미디어의 한계

매체의 발달과 더불어 미디어는 다양한 형태로 현대인의 삶을 지배하고 있습니다. 발전된 형태의 뉴미디어는 삶을 편리하게 만들어 주고 삶의 질도 높여 주었습니다. 21세기에 접어들면서 미디어의 발전 속도는 시간을 무색하게 만들어 버렸습니다.

미디어는 발생부터 지금까지 공정한 보도와 확실한 지식 전달을 목표로 삼아 왔습니다. 비록 외압에 의해 주춤 뒤로 물러설 수밖에 없던 때도 있었지만 곧 제자리를 찾기 위해 노력했습니다. 그런데 인터넷이 서비스되고 뉴미디어 시대로 접어들면서 미디어는 조금씩 혼란의 핵심으로 떠오르기 시작했습니다. 미디어를 통해 올라온 사건과 내용이 미처 검증할 틈도 없이 급속도로 퍼져 나갔기 때문입니다. 이에 관련 전문가들 사이에서 소셜 네트워크를 통해 확산되는 이야기의 진실과 괴담을 가려낼 수 있는 거름장치가 있어야 한다는 목소리가 불거지고 있습니다.

또 하나의 미디어 SNS, 진실·괴담 거름장치 있어야

[중앙일보] 2011.11.29

다양한 참여로 건전한 SNS문화 모색 … 전문가 토론회

한·미 자유무역협정(FTA)을 두고 찬반 진영 간의 논란이 격화되던 지난달, 트위터에 "미국과 FTA를 체결한 볼리비아 상수도는 다국적기업 벡텔에 팔려 수돗물 값이 네 배로 올라 빈민들은 빗물을 받아 마셨다"는 내용이 올라왔다. 볼리비아는 미국과 FTA를 체결한 적이 없다. 이 누리꾼은 뒤늦게 이 사실을 확인하고 정정했다. 하지만 소용없었다. 이미 수많은 트위터리안과 네티즌이 이 글을 퍼날랐다.

'의료민영화로 맹장 수술에 900만 원이 든다' '한·미 FTA가 체결되면 대한민국의 선량한 국민들에게 총을 가질 자유를 주고…' 등의 괴담도 순식간에 진실로 포장돼 각인됐다.

최근엔 인천지법 최은배 부장판사가 한·미 FTA와 관련, 대통령을 비난하는 글을 올려 논란이 일고 있다. 소설가 공지영 씨는 손학규 민주당 대표를 '한나라당에서 파견되신 분…맞죠'라고 공격했다. 사회 지도층들의 이런 목소리는 막강한 영향력을 행사하며 여론 형성에 큰 역할을 한다. 그래서 SNS는 사적 공간을 넘어 1인 매체가 됐다는 진단이 나온다. SNS에 대한 책임론이 고개를 드는 이유다.

연세대 김영석(언론홍보영상학부) 교수는 "천안함 사건이나 미국산 쇠고기 등과 관련된 정치적인 루머에는 정치적 의도가 다분하다"며 "루머에는 루머꾼이 존재한다"고 말했다. 그러면서 트위터와 같은 SNS를 통해 퍼지는 이런 루머의 실체를 다음과 같이 진단했다.

"삐딱한 생각을 가지면 루머를 신뢰하고, 루머가 확산된다. 그 뒤엔 다른 사람과의 고립을 피하기 위해 (틀려도) 루머를 믿고, 사이버상의 요새화가 구축된다." 28일 한국언론진흥재단이 주최한 'SNS를 통한 루머 확산, 무엇이 문제인가?'라는 긴급토론회에서다.

특히 트위터는 140자 이내여서 짧고 자극적인 문구가 동원된다. 김 교수는 "SNS는 소수 의견을 수면 위로 올리는 긍정적인 면이 있지만, (SNS로 뭉친 사람들은) 다른 의견을 가진 집단에 강한 적대감을 표현하는 형태로 공고화되면서 사회통합을 해친다"고 분석했다.

이와 관련, 서울대 한규섭(언론정보학과) 교수는 최근 국내 트위터의 이념 성향을 조사했다. 트위터상에서는 47.7%가 민주당이나 민노당을 지지했다. 한나라당을 지지하는 트위터리안은 2%에 불과했다. 하지만 한 교수가 국내 10만 명을 대상으로 온라인 여론조사를 실시한 결과 정당지지도는 민주+민노당이 23.4%인 반면 한나라당은 26.7%였다. 국내 트위터의 좌 쏠림 현상을 읽을 수 있다.

김영석 교수는 SNS에도 일정 범위 안에서 민형사상 책임을 지도록 하는 제도적 보완이 필요하다고 제안했다. 또 침묵하는 다수가 제 목소리를 내야 한다고 했다. 토론자로 나선 조선일보 김민배 뉴미디어실장은 "현재 SNS는 자유방임 상황"이라며 "미디어의 역할을 하는 것에 걸맞게 안보나 권익 침해, 경제무질서 등을 야기할 때는 제재하는 논의가 필요하다"고 주장했다. 한겨레신문 성한용 선임기자는 "SNS를 처벌하는 것은 옳지 않다"며 "매스미디어의 역할을 재정립하고 정부도 정확한 정보공개를 해야 한다"고 말했다.

이러한 문제점은 1인 미디어가 갖는 한계로, 개인의 생각과 판단이 마치 진실인 것처럼 공개되고 있는 데서 비롯됐습니다. 현재 소셜 네트워크는 자유방임되고 있는 실정이기 때문에 일일이 진실과 괴담을 걸러낼 수 없으며, 사용자들의 수많은 글들을 일일이 검증한다는 것도 시간낭비가 될 것입니다.

전문가들이 모여서 대안책을 찾기 위해 토론을 거듭하고 있지만 아직까지 소셜 네트워크에 나도는 글들을 어떤 식으로 검증해야 하는가에 대한 해결 방법은 딱히 없는 실정입니다.

그러는 와중에도 미디어법이 통과되고, 트위터와 페이스북에는 많은 이야기들이 공방을 벌이고 있습니다. 이 공방에는 심판도 없어서, 140개의 글자로 누가 빠르게 잘 무기를 만들까가 관건입니다. 그리고 더 많은 사람들이 강 건너 불을 구경하고 있습니다.

질주는 그만

출근길 지하철에서 신문을 읽는 사람은 많지 않습니다. 사람과 사람 사이 좁은 틈새에서 신문을 펼치고 넘기는 일이 쉽지 않으며 다른 사람에게 피해를 줄 수 있기 때문입니다. 대신 사람들마다 손바닥만한 스마튼폰을 들고 DMB방송을 보거나 음악을 듣거나 인터넷 검색을 합니다. 아침부터 신나게 게임을 하고 있는 사람들도 있습니다.

특히 스마트폰은 컴퓨터보다 인터넷 접속이 편리하고 짧은 시간 동안 켜고 끄는 일이 가능하기 때문에 출퇴근길에 짧게 짧게 이용하기 좋은 미디어로 인정받고 있습니다. 이동 시간에 스마트폰으로 자세한 정보를 얻거나 많은 지식을 쌓기는 어렵지만, 단순히 메시지를 주고받거나 자신의 메일을 체크하는 정도는 가능합니다. 카카오톡으로 주고받는 무료 문자도 매력적입니다.

휴대폰을 만지작거리던 사람들이 지하철 곳곳에서 갑자기 웃음을 터뜨리거나 고개를 끄덕이고 있다면 그들은 모두 똑같은 DMB방송을 보고 있는 것입니다. 얼굴 표정이 다양하게 실룩거리는 사람은 여러 명과 카카오톡을 하고 있는 중일 것입니다.

스스로 만들고 즐기는 1인 미디어는 소셜 네트워크 기능으로 영향력 있는 자리에까지 올라갔습니다. 그러나 거듭 지적되는 것처럼, 가치 있고 정확한 콘텐츠를 찾기 힘들다는 것이 문제입니다.

특히 싸이월드 이용자들은 자신의 글을 올리기보다 다른 사람들의 글을 가져다가 옮기는 경우가 많습니다. 그러므로 똑같은 정보가 여기저기서 중복되어 난립하고, 또는 원본에 오류가 있을 때 그대로 파급되는 문제가 있습니다. 일개미처럼 열심히 정보들을 물어다가 창고를 채워 보지만 결국 그것은 빈껍데기만 산더미처럼 쌓아 놓은 것일 뿐 보존 자료로서의 가치는 떨어집니다.

그것을 보다 가치 있게 만들려면 생명을 불어넣는 작업이 필요합니다. 특히 소셜 미디어의 경우 특색이 없고 공감대 형성에 실패하면 존립하기 어렵습니다. 이러한 작업에는 견문을 넓히고 사고의 폭을 확장하는 시간이 필요하며, 그러기 위해서는 잠시 무한질주를 멈추고 숨고르기를 해야 합니다.

2011년의 트렌드 중 한 가지는 바로 '복고'입니다. 4~5년 전부터 불기 시작한 복고 바람은 사그라지지 않고 올해 들어 최고점을 찍었습니다. 복고 바람은 패션, 소품, 메이크업, 식품, 방송, 가요, 코미디, 영화 등 장르를 가리지 않고 적용되었습니다.

복고의 유행은 과거에 대한 향수에서 비롯됩니다. 그리고 과거를 그리워한다는 것은 현실에 대한 불만이 쌓여 있기 때문입니다. 현실에 대한 도피의 일환이 '복고'라는 문화 현상으로 나타나는 것입니다.

미디어의 관점에서 봤을 때, 생활 편의주의의 입장에서 봤을 때 그다지 불만이 있을 이유가 없어 보입니다. 미디어 기술은 세계에서 어깨를 겨룰 만하고, 그에 따라 삶의 질도 높아졌습니다. 2011년 상반기 결산, 세계 시장에서 스마트폰 점유율 1위는 애플사였고 그 다음이 삼성이었습니다.

스마트폰 시장이 확대되면서 삼성과 애플은 경쟁 관계에 놓이게 되었습니다. 두 회사는 특허권을 두고 소송을 벌이고 있는데, 그 소송의 결말이 쉽게 나지는 않을 전망입니다. 이렇게 관계가 불편해지면서 그간 스마트폰을 제조하기 위해 삼성의 일부 부품을 사용하던 애플은 삼성 부품을 줄이기 위해 다른 국가와 조율을 하고 있는 것으로 알려졌습니다.

이렇게 눈부신 발전을 하고 있는 스마트폰의 혜택을 가장 많이 받고 있는 입장에서 딱히 불만이라면……. 스마트폰의 속도를 사람들이 따라가지 못한다는 데 있습니다.

2004년에 KTX가 처음 개통됐을 당시 사람들은 서울에서 부산까지 채 3시간도 걸리지 않는다는 사실에 감탄을 했습니다. 그 이전에는 새마을호를 타면 5시간, 무궁화호는 6시간이 걸렸기 때문입니다. 사람들은 KTX를 타고 부산을 하루 만에 다녀갈 수 있다는 게 그저 신기했습니다.

하지만 지금은 2시간만에 서울에서 부산까지 갈 수 있는 고속 KTX가 개통을 앞두고 있습니다. 2시간 거리라니, 그 정도면 막히는 서울 시내를 가로지르는 출퇴근 시간 정도밖에는 되지 않습니다. 이렇게 속도가 빨라지면서 좋은 점도 있지만 반면 사람들의 생활은 더 바빠졌습니다. 이제 오전에 부산으로 출발해서 볼일을 다 본 다음 회사로 다시 돌아와도 퇴근 시간 전이기 때문에 밀린 업무를 해야 합니다. 예전에는 기차 이동 시간에 낮잠 한숨 잘 여유가 있었지만 지금은 그렇게 낮잠을 잤다가는 내릴 곳에서 망신을 당하게 될지도 모릅니다.

창밖을 바라보며 한적한 시골 풍경을 즐길 일도 없이, 휙휙 스치는 풍경에 어지럼증을 느낄 정도입니다.

춘천까지 가는 기차가 사라지고 전철이 놓이면서 사람들은 '추억'을 잃었다고 말합니다. 속도가 빨라지고 이용이 편해진 것은 좋지만, 춘천에 놀라간다고 들떠서 도시락을 싸고 달걀을 삶던 추억이 사라져 버렸습니다. 덜컹거리는 기차에서 느껴지는 정겨움과 푸근함이 시간 속으로 사라졌습니다. 결국 속도와 향수를 맞바꾼 꼴이 되었습니다.

뉴미디어의 속도는 사람이 느끼고 따라갈 수 있는 속도를 추월했습니다. 물질이 사람을 앞서 발전해 나가면 사람들은 물질에 끌려다니게 되고 결국 지쳐서 나가떨어집니다.

예를 들어, 휴대폰을 구입한 뒤 간신히 사용법을 읽힐 때쯤이면 그것은 이미 구형이 돼 버리기 때문에서 다시 새로운 휴대폰을 구입해서 새로운 기능을 익혀야 한다는 부담을 갖게 됩니다. 그러지 않으면 상대적으로 자신이 다른 사람들에 비해 뒤쳐진다는 불안감이 생깁니다.

그래서 조금은 느리지만, 사람의 호흡과 속도가 비슷했던 과거의 문화와 물질 문명에 대한 향수를 갖게 되는 것입니다. 그때는 모두가 적당한 속도 안에 놓여 있었고, 적어도 본인이 무리보다 뒤떨어져 있다는 불안감은 갖지 않았습니다. 그러한 이유로 '조금 불편하긴 해도 예전이 좋았다'는 말과 함께 복고에 대한 향수가 생기는 것입니다.

앞으로 내달리기만 하는 게 능사는 아닙니다. 미디어로서의 기능에 소홀함은 없는지(이미 1인 미디어에 대한 다양한 문제점과 불만이 제기되고 있습니다), 사람들과 소통하고 교감하는 데 문제는 없는지(뉴미디어는 소통의 문을 활짝 열어 두고 있지만 정작 노인층과 소외 계층에는 무관심해 보입니다), 발전적인 방향으로 향해 가고 있는지(신상 털기, 괴담 유포, 조작 등으로 사회적 물의를 일으키고 있습니다) 등 아직 미흡한 부분이 많습니다. 그런 점들을 어떻게 개선해 나갈 것인가에 대한 심사숙고가 있어야 뉴미디어가 한 단계 더 발전할 수 있을 것입니다.

2
차라리 외면하다

미디어를 회피하는 사람들

초등학생부터 할머니, 할아버지까지, 휴대폰이 없는 사람은
없습니다. 그것은 본인의 편의를 위한 것이기도 하지만 상대
방과의 교감을 위해서 어쩔 수 없이 가지고 다녀야 하는 소지
품이 돼 버렸습니다. 사람들은 휴대폰이 없으면 교감의 고리
가 끊긴 느낌을 갖게 됩니다. 그래서 어린 자녀, 연세 많으신
부모님, 남편, 부인이 어디서 무엇을 하고 있는지 확인되지 않
으면 불안감을 느낍니다.

  이러한 증상은 휴대폰이 없을 때는 느낄 수 없던 것이었습

니다. 휴대폰이 보급되면서, 그것을 통해 언제 어디서든 연락이 가능하다는 생각을 갖게 되었고, 만약 연락이 두절되면 그 사람에게 무슨 일이 생긴 게 틀림없다는 생각에 빠지는 것입니다. 휴대폰이 없을 때는 그저 잘 있겠거니, 잘 다녀오겠거니 생각하고 그렇게 믿었습니다. 그 사람이 어디에 있는지 확인할 길이 없으므로 궁금해 하거나 불안해 하지 않았습니다. 그게 당연하게 생각되었습니다.

약속에 대한 것도 마찬가지입니다. 예전에는 약속을 하면 상대방이 나올 때까지 무작정 기다리는 수밖에 없었습니다. 자신이 약속을 어기면 상대방이 낭패를 볼 것을 알기 때문에 약속 시간에 맞춰 나가기 위해 노력했습니다.

하지만 휴대폰이 생기면서부터 언제든 연락이 가능해지자 사람들은 약속을 해 놓고도 쉽게 취소하거나 약속 시간을 편의에 의해 조정했습니다. 변동사항을 바로 10분 전 혹은 약속 시간이 다 돼서야 통보를 하면서도 미안해하지 않습니다.

왜냐하면 자신은 충분한 사정이 있기 때문에 전화로 고지를 했으며, 상대방에게도 연락을 받은 이후 일정을 변경할 선택의 여지를 주었다고 생각하기 때문입니다.

어느새 휴대폰은 쉽게 약속하고 쉽게 그 약속을 깨는 도구가 돼 버렸습니다.

간혹 휴대폰을 갖고 있지 않은 사람을 만났을 때 사람들은 당혹스러움을 느낍니다. 더불어 그 사람과의 연락에 난색을 표합니다. 언제든 연락할 수 없기 때문에 그 사람과 연락하기 위해서는 그 사람의 상황을 고려하고, 위치를 예상하고, 그 사람과 통화 가능한 시간에 맞춰 집이나 사무실로 전화를 해야 합니다. 다른 일을 하다가 그 시간을 놓치면 또다시 시간을 맞춰 기다려야 합니다.

현대인들은 기다림과 헤아림에 익숙하지 않기 때문에 그 시간을 매우 조급하게 생각합니다. 그리고 한두 번 시도하다가 연결이 되지 않으면 결국 연락을 포기하고 맙니다.

"휴대폰이 없으면 답답하지 않아요?" 하는 질문에 그들은 대답합니다. "내가 답답한가요, 상대방이 답답하지." 맞는 말입니다. 처음부터 휴대폰이 없었던 사람은 불편함을 알지 못합니다. 불편함은 있다가 없을 때 느끼는 감정입니다. 충분히 속도감을 즐기고 편의성에 푹 빠져 있다가 갑자기 휴대폰이 사라졌을 때 불편함과 불안함을 견디지 못할 것입니다.

이러한 것은 비단 휴대폰 만의 문제가 아니며 미디어 전반에 대해 느끼는 감정입니다. 텔레비전을 보지 않는 사람은 텔레비전이 없어도 불편함을 느끼지 않습니다. 컴퓨터가 없는 사람은 손글씨를 쓰는 게 익숙하고, 인터넷을 하지 않아도 생활에 불편함이 없습니다.

미디어의 혜택에서 벗어나 있는 사람은 두 부류로, 한 부류는 어쩔 수 없어서 그런 것이고 다른 한 부류는 일부러 그런 것입니다. 전자의 경우 경제적·가정적 형편이 되지 않거나 지역적 특성 때문에 미디어의 혜택을 보지 못하는 것입니다. 그리고 후자의 경우는 미디어의 혜택보다는 병폐를 더 크게 생각하기 때문에 혜택을 거부하는 것입니다.

미디어를 거부하는 사람들은 마치 노장사상에 심취한 사람들처럼, 자연으로 돌아갈 것을 주장하고 있습니다. 인간은 자연의 일부이기 때문에 자연과 함께 살아야 하는데, 미디어를 비롯한 현대 물질문명은 자연의 순리에서 어긋난다는 것입니다. 아는 것이 많고, 보고 듣는 게 많으면 그만큼 사고가 복잡해집니다. 스트레스도 그만큼 증가하고, 그에 따른 감정 상태도 불균형해지고, 건강 상태도 나빠집니다. 그것은 행복하게 살아가는 방법이 아닙니다. 그래서 그들은 미디어를 거부하는 것입니다.

　우리 주변에서 평범하게 일상을 사는 사람 중에 유독 미디어하고만 담을 쌓은 사람도 있습니다. 그들은 이미 미디어로 인한 수많은 병폐를 접했고, 자신도 그러한 병폐에 휩쓸리게 될 것을 두려워하고 있습니다. 상당한 경계심을 갖고 자신을 보호하지만, '근묵자흑'이라는 말처럼 먹을 가까이하면 검정이 묻게 됩니다. 그래서 그들은 미디어를 병적인 존재로 낙인찍고 아예 가까이하지 않는 것입니다.

　혹은 미디어의 필요성을 그다지 못 느끼는 사람들도 있습니다. 현재의 삶에 별로 불만이 없는데 굳이 새로운 게 뭐 필요하겠느냐는 것입니다. 삶의 여유와 느림의 미학을 즐기면서 나름의 삶을 개척해 나가는 데 재미를 느끼는 사람들이 대부분입니다. 그들은 소수지만, 자신만의 고유한 영역을 확보하고 자신만의 세계를 만들어 가고 있습니다.

　미디어와 가까이 있든 멀리 있든, 모든 사람은 행복할 권리가 있습니다. 그리고 미디어가 존재하는 이유는 사람들을 보다 편리하고 행복하게 해 주기 위해서입니다. 만약 나름의 삶이 행복하다면, 그대로 만족하다면 미디어는 그저 멀찍이서 지켜보기만 해도 됩니다.

대안미디어에 대한
대안미디어에 대한
대안미디어

대안미디어에 대한 얘기가 나오고 움직임이 구체화된 것은 미디어의 역사만큼이나 오래 되었습니다. 대안미디어란 기존 미디어의 부족한 2%를 채워 주기 위해 발생한 것입니다. 주류 미디어는 전문화 집단이 아니면 접근하기가 어려워서 시청자, 소수자, 시민은 미디어를 향수하는 데만 그쳤습니다.

그러다 보니 주류 미디어가 정치 권력과 손을 맞잡거나 자본의 논리에 따라 움직이는 것에 대해 견제할 상대가 없었습니다. 이에 대안으로 제안되어 움직인 것이 대안미디어입니다. 대안미디어는 단순히 주류 미디어에 대한 반감이나 반항을 넘어 여론시장의 주인을 맞바꾸며 새로운 여론화 과정과 의사소통을 형성하려는 노력으로 나아가고 있습니다.

대안미디어는 주류 미디어에서 배제된 이슈들, 주류 미디어에서 생략된 실제 삶의 모습들을 공중에게 적극적으로 의제화하는 것을 목적으로 삼고 있습니다. 그러기 위해서 대안미디어는 당연히 커뮤니케이션의 범위를 확장해 보다 많은 사람들과 소통해야 합니다. 즉 인기를 얻어야 제 기능을 발휘하며 세력을 확장해 나갈 수 있습니다.

인기는 주류미디어만의 전유물이 아닙니다. 대안미디어도 의제 설정을 하려면 대중의 지지가 필요합니다. 대중은 대안미디어와 주류 미디어 모두에게 반드시 필요한 대상입니다. 만약 사람이 없다면 누구와 소통하며, 누구를 향해 교육하고 설득하겠습니까?

하지만 그간 대안미디어는 사람들의 관심 밖이었습니다. 그들의 활동이 대외적으로 드러나는 일도 많지 않았습니다. 왜냐하면 대안미디어의 본질적 속성상 규모가 매우 작고 정보 파급력이 약하며 더불어 영향력도 크지 않았기 때문입니다. 그런 의미에서 올해 주목을 받았던 〈나는 꼼수다〉는 대안미디어의 성공 사례로 볼 수 있습니다.

그들이 나누는 말의 옳고 그름을 떠나서, 주류 미디어로는 불가능한 형태의 운영과 스타일로 주류 미디어에서 하지 못한 얘기를 거침없이 내뱉는 형태는 분명 대안미디어의 모습입니다. 〈나는 꼼수다〉는 특정 이슈가 아니라 '정치' 일반에 대한 추상적인 이야기를 가지고 주류 미디어도 해내지 못한 규모로 공론화시켰습니다.

〈나는 꼼수다〉의 업적은 실로 놀랄 만하지만, 그렇다고 해서 〈나는 꼼수다〉가 대안미디어의 "대안"이거나 롤모델이라는 말은 아닙니다. 대안미디어가 공공의 의제를 만들어 내는 가장 좋은 방법은, 하나의 의제에 대해 다양한 형태의 수많은 미디어들이 반복적으로 내용을 생산해 냄으로 그것이 마침내 공공의 의제로 떠오르게 하는 것입니다.

광우병과 관련한 촛불 집회를 대표 사례로 들 수 있습니다. 2003년 미국에 광우병이 발생하면서 미국산 쇠고기의 수입이 중단되었는데, 2006년에 '30개월 미만, 뼈를 제거한 고기'라는 조건으로 수입이 재개되면서 광우병에 대한 관심과 보도가 증가하였습니다. 특히 2008년 4월 29일 MBC의 프로그램 〈PD수첩〉에서 "긴급취재! 미국산 쇠고기, 과연 광우병에서 안전한가?"라는 내용이 전파를 타면서 논란이 확대됐습니다.

그리고 급기야 5월 2일과 5월 3일에 청계 광장 앞에서 대규모 시위가 열렸습니다. 일부 연예인들은 시위에 참가하거나 자신의 미니 홈피에 이명박 대통령과 미국 쇠고기 수입에 대한 비판의 글을 담기도 했습니다. 또한 이명박 대통령의 미니 홈피에 누리꾼들의 각종 댓글이 쇄도하는 바람에 게시판을 폐쇄하는 사태를 맞기도 했습니다. 그리고 광우병 논란과 더불어 이명박 대통령에 대한 탄핵 서명운동이 인터넷에서 벌어져 5월 4일에 100만 명을 돌파하였습니다.

5월 6일 농림수산식품부와 보건복지가족부가 주최하는 미국산 쇠고기 안전성 설명회가 서울 세종로 외교통상부청사에서 열리는 등, 정부의 대책이 뒤따랐지만 국민들은 협상 반대의 의지를 굽히지 않고 촛불집회를 확대해 나갔습니다.

〈PD수첩〉이라는 주류 미디어에 의해 의제가 설정되고 이슈가 되긴 했지만, 이러한 이슈가 확산되고 공론화된 데는 〈칼라TV〉를 비롯한 대안미디어의 역할이 결정적이었습니다. 더욱이 시민들이 어린 자녀의 손을 잡고 자발적이고 적극적으로 시위에 참여한 것은 놀랄 만한 커뮤니케이션의 결과였습니다.

지난 수년 간 미디어 운동은 미디어센터와 미디어교육을 중심으로 움직였습니다. 그에 따라 대안미디어는 점차 주눅이 들고 외면당하면서 자신감을 잃어 가고 있었습니다. 그러나 균형을 잃으면 무너지는 것처럼, 미디어가 발전해 나가는 그 길에서 대안미디어도 평행선을 이루며 발전해 가야 합니다. 그리고 그 대안미디어에 대한 대안 미디어, 그 미디어에 대한 대안미디어도 끊임없이 파생되어야 합니다.

3

전문가가 아닌,
전문가라 불리는 사람

소셜 미디어 전문가?

미디어가 활동을 펼치기 위해서는 고유의 영역을 전문으로 하는 전문가가 필요합니다. 그렇기 때문에 그 고유의 영역에 일반인들은 접근할 수가 없었습니다. '전문가'란 특정 분야에 대해 폭넓고 깊이 있는 지식을 갖춘 사람을 말합니다. 전문가들은 자신이 전문으로 하는 분야에 대해 연구하고, 실험하면서 사회의 발전에 기여해 왔습니다. 그들은 문화와 문명을 발전시키는 데 있어서 매우 중요한 역할을 해 왔습니다.

소셜 미디어가 등장하고 1인 미디어가 대중화되면서 '소셜 미디어 전문가'라는 직업을 가진 사람들이 등장했습니다. 그들은 '트위터는 이러이러하다' '페이스북은 이래야만 한다'는 말을 합니다. 소셜 미디어의 규정이 명확하지 않은 상태에서 그들은 나름 고민하고 연구한 내용들을 논리정연하게 풀어냅니다. 하지만 전문가들마다 관점이 다르고 주장하는 바도 다릅니다. 누가 진짜 전문가이며 그들의 말 중 정의는 어디에 숨어 있는지 알쏭달쏭합니다.

다른 사람보다 조금 먼저 시작하고, 조금 더 관심을 갖고 있고, 조금 더 많은 팔로워를 가졌다고 해서 그 사람을 전문가로 인정해야 하는가에 대해서는 회의적입니다. 그들은 전문가라기보다 자신이 느끼고 생각하는 바를 다른 사람과 공유하는 데 적극적인 사람으로, 소셜 미디어를 널리 알리고 잘 활용하도록 돕는 사람으로 분류하는 게 옳다고 생각합니다. 왜냐하면 소셜 미디어는 전문가의 영역이 아니기 때문입니다.

소셜 미디어의 대표격인 블로그, 트위터, 페이스북을 살펴보면 누구나 쉽게 접근하여 콘텐츠를 이용하도록 돼 있습니다. 블로그는 개인이 자신의 취향과 목적에 맞게 꾸밀 수 있는 공간으로, 사용자가 일기장으로 꾸밀 수도 있고 상업적인 목적을 둔 전시장으로 이용할 수도 있습니다. 트위터와 페이스북도 마찬가지입니다. 소셜 미디어는 홍보와 판촉 용도로도 쓰이고 자료 수집이나 여론을 수렴하기 위한 도구가 되기도 합니다. '소셜 미디어는 이렇게 사용해야 한다'는 정답은 없습니다. 어떻게 사용하든지 간에 사용자가 만족한다면 소셜 미디어로서의 역할은 충분합니다.

특별히 소셜 미디어를 잘 사용하기 위한 기술은 필요하지 않습니다. 소셜 미디어 서비스에 가입만 하면 누구나 동일한 서비스를 받을 수 있고 정해진 툴 안에서 활동할 수 있습니다. 트위터를 처음 가입한 사람도, 트위터를 오랫동안 사용해 온 사람도 그들에게 주어진 조건은 똑같습니다. 차이가 있다면 그것을 어떻게 활용하느냐의 차이일 뿐입니다.

그럼에도 불구하고 '소셜 미디어 전문가'라고 불리는 사람들은 어떤 역할을 해야 하는 걸까요? 일단 그들은 다른 사람들이 소셜 미디어에 대해 잘 이해하고, 소셜 미디어를 잘 활용할 수 있도록 도와야 합니다. 소셜 미디어의 기본 취지와 목적에 맞도록 그들에게 가이드라인을 제공해 주는 것입니다.

소셜 미디어는 대부분 이용자 스스로 운영하는 매체입니다. 누군가 운영에 대해 조언이나 컨설팅 정도는 해줄 수 있지만 대신 운영해서 성과를 내기는 무척이나 힘듭니다. 소셜 미디어 전문가들은 조언자일 뿐 대리인이 아니라는 말입니다.

그러므로 소셜 미디어에서는 '전문가'라는 호칭 대신 '멘토'라는 호칭이 더 어울립니다. 의미상으로 그렇기도 하지만 '전문가'와 '비전문가'라는 말의 어감에서 오는 수직구조의 느낌이 소셜 미디어의 특성에 맞지 않기 때문입니다. 사실 소셜 미디어에서 전문가와 비전문가의 차이는 그리 크지 않습니다. 그리고 그 차이는 노력에 의해 단기간 내에 극복할 수 있습니다.

전문가와 비전문가의 경계를 두기보다는 멘토와 멘티의 관계처럼 도움을 주고받는 사이로 규정짓는다면 소셜 미디어는 접근성이 높아지면서 더욱 활성화될 것입니다.

4

미디어를
요리하다

맛있는 미디어 한상차림

훌륭한 음식을 맛보는 것은 인생의 또 다른 즐거움입니다. 잘
요리된 미디어도 기쁨이 됩니다. 낯선 재료와 요리법으로 조
리된 음식을 맛보는 데는 용기가 필요합니다. 소셜 미디어는
뉴미디어로, 기존에 나와 있는 재료가 아니며 조리법도 생소
합니다. 더군다나 그것은 맛보기만 하면 되는 것이 아니라 직
접 요리까지 해야 하는 것이라 부담은 배로 늘어날 수밖에 없
습니다.

소셜 미디어를 요리에 비교하는 이유는 그 둘 사이에 비슷한 점이 있기 때문입니다.

요리를 할 때 가장 먼저 생각해야 할 점은 '요리를 먹을 사람이 누구인가'입니다. 팔순이 넘은 할머니께는 아무리 맛좋은 갈비도 그림의 떡입니다. 이제 갓 엄마 젖을 뗀 아기에게 매운 탕을 먹일 수는 없는 일입니다. 음식을 먹을 대상이 누구냐에 따라 요리를 정해야 하며 재료와 조리법도 그에 따라 달라져야 합니다.

소셜 미디어도 마찬가지입니다. 소통하고자 하는 대상에 따라 소셜 미디어의 종류를 결정하고, 콘텐츠를 정하고, 내용과 구성을 짜 나가야 합니다. 대상을 배려하지 않는 음식은 다 만들어 놓아도 아무도 손대지 않는 것처럼, 대상을 배려하지 않은 소셜 미디어는 외면당하고 말 것입니다.

소셜 미디어와 요리 모두 재료를 가지고 완성품을 만드는 것으로, 재료의 품질이 매우 중요합니다. 아무리 훌륭한 요리사라고 해도 재료가 부패되어 있거나 꼭 필요한 재료가 빠져 있다면 원하는 요리를 만들 수 없습니다. 물론 맛도 장담할 수 없습니다. 이것은 소셜 미디어도 마찬가지입니다. 콘텐츠가 부족하거나 형편없다면 그것을 아무리 잘 가공해 봐도 사람들로부터 공감대를 얻을 수 없습니다.

그렇다면 좋은 재료란 무엇일까요? 그것은 누구나 갖고 있는 것이 아니라 자기만 갖고 있는 고유의 것, 인간미가 풍기는 것, 합리적이고 긍정적인 것입니다. 그러한 재료를 가지고 조리를 한다면 맛있는 일품요리로 탄생할 확률이 높아집니다.

한 가지 식재료를 가지고 조리법에 따라 다양한 음식을 만들 수 있는 것처럼, 소셜 미디어도 단순한 콘텐츠를 가지고 다양하게 가공할 수 있습니다.

예를 들어 닭이란 재료를 봤을 때, 이것을 삶으면 백숙이 되고, 튀기면 통닭이 되고, 볶으면 닭볶음탕이 됩니다. 닭강정을 만들 수도 있고, 닭가슴살 샐러드를 만들 수도 있고, 닭죽, 닭꼬치, 닭계장도 만들 수 있습니다. '닭'이라는 재료가 무한 변신하여 다양한 요리로 재탄생하는 것입니다.

소셜 미디어도 마찬가지입니다. 한 가지 소재를 가지고도 다양하게 가공이 가능하며, 어떤 소재로든 소통을 위한 콘텐츠로 변신시킬 수 있습니다. 아침에 밥을 먹고 나온 이야기 한 가지만으로도 다양한 이야깃거리가 만들어집니다. 식탁 메뉴, 메뉴로 오른 음식들의 조리법, 음식에 얽힌 이야기, 아침밥을 먹으면서 한 생각, 바쁜 아침 시간에 굳이 아침을 먹고 나오는 이유 등 다양한 이야기를 끄집어낼 수 있습니다.

콘텐츠를 어떻게 변신시킬 것인가를 결정하는 것은 소셜 미디어 사용자들이 고민해야 할 문제입니다.

요리 시간도 중요합니다. 요리 시간이 너무 길면 타고, 짧으면 날것 그대로 식탁에 오릅니다. 소셜 미디어도 시간이 중요해서, 정확성과 더불어 신속성을 갖추고 있어야 합니다. 예를 들어, 크리스마스 때 있었던 명동 거리의 인파 현황과 이벤트 소식을 다음해 봄에 올린다면 사람들은 잠시 혼란스러워하다가 그 다음은 어이없는 웃음을 짓고 말 것입니다. 그리고 다음부터는 그 미디어를 신뢰하지 않을 것입니다.

요리의 재료가 갖춰졌으면 그것을 손질하고, 계량하고, 시간을 재고, 레서피에 따라 조리해야 합니다. 조리법이 뒤바뀌거나 어림짐작으로 재료를 계량하면 요리가 만들어지지 않습니다. 제대로 된 맛있는 음식을 만들려면 정확한 계량과 요리 순서가 중요합니다.

소셜 미디어도 마찬가지입니다. 소셜 미디어의 사용법은 음식의 조리법과 같고, 재료를 계량하는 것은 콘텐츠 내 조직의

균형과 같습니다. '어떻게 소통할 것인가'를 염두에 두고 적당한 콘텐츠와 소셜 미디어의 기능을 선택해야 합니다. 이 선택이 올바르지 않으면 소통은 이루어지지 않습니다.

물론 틀에 박힌 레서피가 식상할 수도 있습니다. 같은 재료, 같은 음식이지만 뭔가 좀 더 특색 있는 것을 만들고 싶다면 그때는 요리사의 창의력이 필요합니다. 하지만 처음부터 성공을 거둘 수는 없습니다. 재료의 양을 바꿔 보거나 재료를 대체하면서 시행착오를 반복해야 합니다. 고객의 입맛을 사로잡으려면 다양한 시도와 부단한 노력이 필요합니다.

소셜 미디어에서도 마찬가지입니다. 초기의 콘텐츠만을 고집하면 거기에 머물 수밖에 없습니다. 생생하게 살아 있는 미디어, 날마다 새로운 미디어가 되어 대중에게 다가가려면 그만큼 새롭고 참신한 콘텐츠가 필요합니다. 새로운 콘텐츠는 새로운 경험에서 나오며, 그 콘텐츠들은 수시로 업데이트 돼야 합니다.

요리를 만드는 방법은 다양합니다. 삶기, 굽기, 튀기기, 데치기, 무치기, 조리기, 볶기 등등 조리법에 따라 다양한 음식이 탄생합니다. 이와 마찬가지로 소셜 미디어의 기능은 매우 다양합니다. 같은 상황을 글로 쓸 수 있고, 사진으로 찍을 수 있고, 동영상으로 만들 수도 있습니다. 소셜 미디어의 기능을 잘 이해하고, 소통하고자 하는 상대의 취향에 따라 표현 방법을 달리할 때 효과적인 전달이 가능합니다.

요리에 주식과 부식이 있는 것처럼, 소셜 미디어도 중심이 되는 콘텐츠와 부수적인 콘텐츠가 있습니다. 국이 아무리 맛있다고 해서 밥 없이 국만 먹을 수 없고, 기름기가 좔좔 흐르는 이천 쌀이라고 해서 밥만 한 상 가득 차린다면 맛이 없어서 먹을 수가 없습니다.

소셜 미디어도 밥상 차림과 같아서 밥 역할을 하는 콘텐츠가 있으면 국이나 반찬 역할을 하는 콘텐츠가 있어야 합니다. 이들이 잘 조화를 이루어야 상대방과 원활하게 소통할 수 있습니다.

요리의 맛 만큼 중요한 게 시각적인 효과입니다. 예부터 '보기에 좋은 떡이 먹기에도 좋다'는 말처럼, 시각적인 요소는 미각을 더욱 자극합니다.

소셜 미디어에서도 글만 올리는 것보다는 사진과 동영상, 배경음악을 첨부함으로써 효과적으로 내용을 전달할 수 있습니다. 같은 사진이라고 해도 그 사진이 예술성이 있거나 재미있다면 효과는 더욱 높아집니다. 이미지는 글보다 전달 효과가 훨씬 뛰어나므로, 적절한 이미지는 양념 역할을 톡톡히 해 줄 것입니다.

사람들은 특별한 날, 특별한 음식을 먹습니다. 그리고 음식을 함께 먹은 사람들끼리는 더욱 돈독한 공감대가 형성됩니다. 소셜 미디어도 마찬가지입니다. 소통하고 싶은 특별한 사람을 위해 준비한 특별한 콘텐츠는 공감대의 폭을 넓힙니다. 그 둘 사이에는 특별함을 공유하는 경험이 쌓이기 시작합니다.

요리든 소셜 미디어든, 상대방이 소화할 수 있는 방법으로 전달하는 게 중요합니다. 상대방이 가장 쉽게 받아들이고 맛있게 먹을 수 있는 방법을 찾아 특별하게 전달할 때 새로운 의미가 부여됩니다.

요리는 사람과 사람 사이의 경계심을 늦추고 벽을 허물어뜨리는 데 사용됩니다. 요리를 먹으면서 자연스런 대화가 오가고, 흡족하게 식사를 마친 다음에는 분위기가 한결 부드러워집니다. 기분만 그런 게 아니라 실제로 과학적인 근거에 의한 결과입니다.

소셜 미디어의 콘텐츠도 사람과 사람 사이의 거리를 많이 좁히는 역할을 합니다. 얼굴도 모르는 사람들이 특정 콘텐츠에 공감을 함으로써 마치 예전부터 잘 알고 지내던 사람처럼 급속도로 가까워집니다. 자신이 올린 짧은 글, 한 장의 사진을 보고 많은 사람들이 긍정의 반응을 보인다면 자존감이 높아지면서 대인관계가 확장된 것 같은 느낌을 갖게 됩니다.

이밖에도 요리와 소셜 미디어 간에는 다양한 공통점이 있습니다. 그리고 가장 근본적으로는 둘 다 사람에게 만족감과 행복감을 줄 때 본연의 목적이 달성된다는 것입니다.

콘텐츠, 콘텐츠, 콘텐츠

아이폰, 트위터, 페이스북…… 이것은 소셜 네트워크 구출의 중심이 되는 미디어입니다. 우리나라는 아이폰에 이어 세계에서 두 번째로 스마트폰을 가장 많이 판매하는 나라입니다. 국가 경쟁력에 대비해 봤을 때 스마트폰 기술은 가히 놀라운 수준입니다. 그러나 단말기 기술 외에 애플리케이션으로 불리는 콘텐츠 기술은 아직 한참 못 미치고 있습니다. 즉 우리나라 삼성의 스마트폰을 들고 미국의 콘텐츠인 트위터와 페이스북을 이용해 전 세계인들이 커뮤니케이션을 하는 것입니다.

우리나라에서 개발하여 세계 시장에서까지 가장 많은 다운로드 회수를 기록한 앱은 '카카오톡'입니다. 스마트폰 이용자들은 카카오톡 앱을 다운받으면 무료로 문자를 이용할 수 있으며 그룹 채팅이 가능하고, 저장해 놓은 전화번호 중 카카오톡 사용자끼리는 자동으로 사용자를 등록해 주는 서비스가 제공됩니다. 2011년 11월 현재 국내와 해외를 포함한 카카오톡 이용자는 2,000만 명을 넘어섰습니다.

기존 방식대로라면 스마트폰 사용자들은 음성 통화료, 문자 전송료, 장문 전송료, 정보 이용료, 정보 다운로드 비용을 전부 지불해야 했습니다. 그러나 카카오톡이 생긴 이후 무료문자의 혜택으로 통신비의 절감 효과가 나타났습니다. 전화를 할까 망설이다가도 카카오톡을 이용해 무료 문자를 보내고, 직접 만나서 회의하기 힘든 상황일 때는 여럿이서 그룹 채팅을 통해 의견을 나눕니다. 그러다 보니 각 통신사에서 불만의 목소리가 흘러 나왔습니다.

통신사들은 카카오톡 서비스 때문에 매출이 줄었다고 주장했습니다. 그들은 구체적인 액수까지 공개해 가면서 이러한 무료 서비스가 결국은 네트워크 망을 무너뜨리고 말 것이라고 은근한 압력을 넣기도 했습니다. 카카오톡을 통해 전달되는 무료문자는 하루 평균 1억 8천 건으로, 이것을 단순 계산하면 1건에 20원만 계산해도 36억 원이라는 어마어마한 금액이 나옵니다. 그래서 통신사 측에서는 하루에 36억이나 되는 돈을 손해보고 있다고 주장했습니다.

카톡 발 이동사 매출감소 현실화

최경섭 기자 2011/11/10

3사, 무료 SMS보편화로 올해만 최대 30% 떨어질 듯

카카오톡, 마이피플 등 무료 SMS(단문메시지서비스)가 이동통신 3사의 SMS 매출감소에 직접적인 영향을 주고 있다.

9일 통신업계에 따르면 스마트폰 2000만 시대에 카카오톡, 마이피플 등의 무료 SMS 서비스가 보편적인 서비스로 자리잡으면서, 이동통신사들의 올 상반기 SMS 매출이 이미 하락세로 접어든 것으로 나타났다.

SMS 대체서비스가 실제로 이통사들의 주 수익원을 직접적으로 잠식해 들어옴에 따라, 망중립성과 관련한 '무임승차' 논란은 더 거세질 전망이다.

업계는 연간 1조5000억원 규모에 이르던 이통 3사의 SMS 매출이 무료 SMS 서비스 확산에 따라 올해는 20~30%선인 3000억원에서 많게는 4500억원가량 감소할 것으로 보고 있다. 스마트폰 확대에 따라 이통사들의 주 수익원인 음성서비스가 주춤거리고 있는 상황에서도 SMS 매출액은 소폭의 증가세를 유지해 온 점에 비춰보면, 이같은 매출 급감은 이통사에 치명적이라는 분석이다.

이와 관련 SK텔레콤측은 "연간 9000억원에 달하는 SMS 매출액중에 작년부터 현재까지 최대 3000억원 정도의 매출 감소분이 발생한 것으로 보고 있다"면서 "실제 내부적으로 어떤 요인들이 매출감소로 이어지게 했는지 철저한 검증을 통해 제시될 것"이라고 밝혔다.

KT측도 이미 올 초부터 SMS 매출감소가 발생하고 있고, 감소

폭도 더 빠른 속도로 전개되고 있다고 평가했다. KT 관계자는 "카카오톡 등으로 인한 SMS 매출 감소분이 2013년까지 최소 800억원에서 최대 3000억원에 달할 것으로 잠정 추산하고 있다"고 말했다.

LG유플러스도 정액형 스마트폰 요금제를 사용하지 않는 고객들을 중심으로, SMS 매출감소가 확대되고 있다고 보고, 특단의 대책마련을 서두르고 있다.

업계는 SMS 매출감소가 더 빠른 속도로, 더 광범위하게 진행되고 있다는 점을 우려하고 있다. 스마트폰 보급이 본격화 된 지채 2년도 안돼 무료 SMS는 스마트폰의 핵심 서비스로 자리잡고 있다. 카카오톡이 현재 2500만 가입자를 넘어섰고, 다음의 마이피플 서비스도 2000만을 넘어서며 고공행진을 거듭하고 있다. 트위터 등 SMS를 대체하는 SNS(소셜네트워크서비스) 이용자까지 포함하면, 국내 이통사용자의 절반 이상인 2500만 이상이 무료 SMS를 사용하고 있는 상황이다.

통신업계 관계자는 "이통망을 구축하고 서비스를 제공하는 이통사들에 반해 무료 SMS 업체들은 무임승차해 막대한 가입자기반을 확보하고 있다"면서"무료 SMS를 방치할 경우, 이통사로서는 SMS를 포기할 수밖에 없는 상황으로 내몰릴 것"이라고 토로했다.

통신사는 본인들이 더 이상 손해를 감수할 수 없다면서 카카오톡의 접근 제한이나 망 사용액 과금을 검토 중이라고 밝혔습니다. 이러한 반응에 스마트폰 사용자들은 반발했습니다. 스마트폰 사용자들은 이미 데이터 요금으로 돈을 지불했으며 카카오톡은 그 데이터망 안에서 서비스되는 것이므로 이동통신사의 주장은 타당하지 않다는 것입니다. 누리꾼들도 스마트폰 이용자들의 합리적인 반발에 동조를 하며 글을 남겼습니다.

사실 문자 서비스를 통해 벌어들일 수 있는 수익이 줄어든 것은 사실이지만 그렇다고 해서 카카오톡으로 인해 통신사가 손해를 본다는 것은 과장된 말입니다. 적어도 스마트폰의 보급으로 전체 사용요금이 두세 배 이상 증가했기 때문입니다.

스마트폰의 요금제를 살펴보면 알겠지만, 데이터 사용 요금과 전화 통화료, 문자 사용료를 기본 요금제 안에서 일정하게 규제하고 있습니다, 그래서 데이터 사용량이 아직 남았다고 해도 그것을 전화 통화로 전환할 수 없기 때문에 데이터 요금은 남고 전화 사용요금은 초과를 해서 결국 기본 요금 외에 훨씬 더 많은 사용료를 낼 수밖에 없는 구조로 돼 있습니다. 정말 알뜰하게 요금을 관리하고 싶다면 날마다 통화시간과 문자 수를 체크하고, 상황에 따라 통화를 데이터로 대신하는 융통성을 발휘해야 합니다. 편리하자고 사용하는 스마트폰이 매우 복잡해지는 순간입니다.

콘텐츠가 없는 스마트폰은 빈껍데기에 불과합니다. 우리의 기술력이 아무리 뛰어나다고 해도 그에 따른 콘텐츠를 생산해 내지 못하면 껍데기만을 만드는 나라로 전락하고 맙니다. '카카오톡'과 같은 우수 콘텐츠에 대해 통신사는 견제의 칼날을 거두고 콘텐츠 개발을 적극 지원해야 합니다. 또한 관계부처 는 콘텐츠 개발과 관련한 각종 규제를 완화하고, 콘텐츠 공모 전이나 콘테스트를 통해 우수 콘텐츠를 발굴하는 데 더욱 매진해야 합니다.

스마트폰 판매 세계 1위를 겨냥하면서 더불어 콘텐츠를 가장 많이 확보하고 보급하는 나라로 대한민국이 손꼽히기를 기대해 봅니다.

요리든 소셜 미디어든,

상대방이 소화할 수 있는 방법으로

전달하는 게 중요합니다.

상대방이 가장 쉽게 받아들이고

맛있게 먹을 수 있는 방법을 찾아

특별하게 전달할 때

새로운 의미가 부여됩니다.

미디어를
짝사랑하는
사람들

미디어는 장벽이 아닙니다.
장벽에 만들어진 문입니다.
문은 닫혀 있으면 벽과 다름없지만
열면 누구나 드나들 수 있는 통로가 됩니다.
공간을 넘나드는 소통의 경계선에
미디어가 존재합니다.

1
바라보기만 할 뿐
이해하지 못하다

╬

새롭게 쓰는 민족 신화

2007년, 유엔 인종차별 철폐위원회는 '순수 혈통'이란 우리나라 사람들의 개념을 문제 삼았습니다. '순수 혈통이란 말에는 다른 사람이 불순한 혈통을 가졌다는 뜻이 내포되어 있다'면서, 우리나라 사람들이 인종적인 우월성을 갖고 있다고 지적했습니다.

이에 대해 정부 대표단은 우리 민족이 일제 침략에 직면해 단일한 민족 동일성을 구축했으며, 이 같은 정서와 민족주의가 근대화 기간에 다른 민족을 공격하는 수단이 아니라 제국주의 강대국을 물리치기 위한 방어적 기제로 작용해 왔다고 해명했습니다.

하지만 '단일 민족'에 대한 강조가 문화적 우월성으로 이어질 위험성이 있음을 인정하고, 다원적 다민족 사회로 나아가는 과정에서 '혼혈'에 대한 개념은 극복돼야 할 문제임을 인식하고 있다고 밝혔습니다.

그럼에도 불구하고 위원들은 "세계화된 사회에서 더 이상 단일 민족을 강조해선 안 된다"면서 '단일미족, 순수혈통'이란 단어 사용을 규제하고 그에 따른 법안을 제정해 강력한 제재 조취를 취해야 한다고 목소리를 높였습니다.

그러나 그런 일로 고민할 필요 없이, 우리나라의 '단일민족 신화'는 자연스럽게 깨졌습니다. 국제결혼 비율이 증가하면서 2009년 한국으로 이주해 온 결혼 이민자의 수는 17만 명을 넘어섰고, 현재 우리나라에 체류하고 있는 외국인의 수는 130만 명에 이르는 것으로 집계되었습니다.

그간 오랫동안 강조해 왔던 '단일민족 신화'는 우리 사회를 보수적으로 만들었습니다. 그래서 같은 민족이 아니면, 즉 피부색이 다르거나 다른 말을 사용하면 우리나라 사람들은 갑작스럽게 경계심을 발동합니다. 그리고 '민족'이란 단어에 유독 집착하는 경향이 있는데, 결정적인 문제는, 우리나라에서 '민족'이란 단어의 뜻이 애매하다는 데 있습니다. 즉 '한국인'이라 불리는 범주에 누구누구가 포함되는지 명확히 규정짓지 못하고 있습니다.

일반적으로 '민족'이라고 하면 '같은 지역에서 장기간에 걸쳐 공동생활을 함으로써 언어, 풍습, 종교, 정치, 경제, 문화, 역사 등을 갖는 인간집단'을 말합니다. 이 가운데 우리나라에서는 혈연, 문화, 지역의 세 가지 개념을 섞어서 사용합니다.

하지만, 혈연의 관점에 봤을 때 북한주민은 같은 민족입니다. 그러나 문화나 지역의 잣대로 바라보면 다른 민족이 됩니다. 이러한 잣대는 북한 주민뿐 아니라 외국인 2세, 한국에서 활동하고 있는 외국계 연예인, 재일교포에게도 해당합니다. 이때 '민족'의 범위를 어디까지로 할 것인가를 명확히 하여 새로 규정짓지 않으면 큰 혼란에 빠지게 될 것입니다.

다문화 가정을 바라보는 사람들의 시각이 그다지 우호적이지 않습니다. 오랜 세월 동안 '혼혈'에 대한 거부감을 갖고 있었고 '단일민족, 순수혈통'에 대한 자부심이 컸던 터라 관념이 쉽사리 바뀌기는 힘들 것입니다. 서로 다름에 대한 불편한 시선과 감정은 마찬가지입니다. 그런데 한 가지 우려가 되는 것은, 다문화 가정의 가족을 우리 민족으로 포용하고 함께 생활해 가지 않으면 그로 인한 다양한 충돌이 빚어질 것이라는 점입니다. 상대방을 나와 똑같은 인간으로 여기지 않기 때문에 그들에게 해를 가하는 데 죄책감을 갖지 않는 것입니다.

그간 다문화 가정과 관련한 문제를 해결하기 위해서 가정과 학교의 역할이 강조돼 왔으며, 또한 미디어의 역할도 중요하게 여겨졌습니다.

2010년 모 방송 인기 프로그램에서 출연자들이 프로레슬링을 배워 서로 경기를 벌였는데, 이 경기에 다문화 가정을 초청하였고, 이때 벌어들인 수익금 전액을 다문화 가정 지원에 사용했다고 합니다. 비록 그 금액이 얼마 되지 않았지만, 이러한 선행이 널리 파급되어 다문화 가정 지원 사업에 도화선이 된다면 그 프로그램은 자신의 역할을 충분히 다한 것입니다.

그러나 한두 번의 시도와 기획으로 인해 사람들의 의식이 쉽게 변하리라고는 기대하지 않습니다. 다만 미디어가 특정 이슈에 대해 재차 강조하면 수용자는 직·간접적인 영향을 받게 됩니다. 특히 미디어에 민감한 청소년층은 다문화 가정에 대해 다시 한 번 생각하고 인식을 전환하는 계기를 마련할 수 있습니다. 그러므로 다문화 가정을 대하는 미디어의 태도가 중요합니다.

소통의 문을 여는
다국어 자막 서비스

하지만 현재 우리나라의 미디어는 국내 거주 외국인들에게 그다지 살갑지 않습니다. 먼저 다가가거나 배려하지 않습니다.

일제 강점기 때, 일본이 우리나라를 약탈한 뒤 가장 먼저 실시한 것은 '한글 말살정책'이었습니다. '말과 글은 사람의 얼을 지배한다'는 말처럼 우리 민족에게서 한글을 빼앗음으로써 정신을 지배하려고 했던 것입니다. 그만큼 말과 글은 중요한 역할을 합니다.

결혼이주여성, 외국인 근로자를 비롯해 다양한 이유로 우리나라에 거주하고 있는 외국인들이 우리와 소통하려면 미디어의 힘이 절대적으로 필요합니다. 그 가운데 가장 보편적인 미디어인 텔레비전은 화면과 소리, 자막을 함께 전달함으로써 가장 효과적인 소통 수단이 됩니다.

실제로 다양한 민족이 어우러져 살고 있는 유럽의 경우, 시청자가 자국의 언어를 선택하여 자막 서비스를 받을 수 있습니다. 화면과 음성은 똑같이 들리지만 자국어 자막이 나오기 때문에 외국어를 오히려 더 쉽게 이해할 수 있습니다. 또한 새롭게 뿌리를 내리고 살아가는 나라의 문화를 익히고, 이웃과 소통하고, 사회전반을 잃고 해석하는 데도 큰 도움이 됩니다.

우리나라도 이와 마찬가지도 다국어 자막 서비스를 실시해야 합니다. 다국어 자막 서비스의 장점은 외국인들과의 소통과 교감이라는 측면 외에 다양한 부가 효과를 꼽을 수 있습니다. 다국어 자막 서비스는 특정 외국어를 배우고자 하는 사람들의 살아 있는 교과서가 됩니다. 외국인과 반대로, 우리나라 사람들은 귀로 이해하고 눈으로 읽으면서 외국어를 배울 수 있습니다. 드라마나 뉴스를 통해 익히는 회화와 보도체 문장은 가장 효과적으로 전달이 됩니다.

또한 다국어 자막 서비스를 하면, 우리나라 드라마와 쇼 프로그램을 수출할 때 별도의 번역료가 들지 않으므로 세계 시장에서 경쟁력을 가질 수 있습니다. 한류 열풍이 거센 요즘, 콘텐츠의 수출은 국가 경제에도 크게 한 몫 할 것으로 보입니다.

미디어가 먼저 가슴을 열고 다가가면 외국인과 자국인 구별 없이 누구나 가까워질 수 있습니다. 글로벌 네트워크에서는 나 또한 외국인이요 이방인입니다. 그저 멀리서 바라보기만 해서는 소통할 수 없습니다. 미디어를 통해 바라보면서 우리 나라와 우리 국민을 이해할 수 있을 때 외국인들도 마음으로 부터 손을 내밀 것입니다. 그리고 우리의 문화와 언어를 외국인들에게 이해시키기 위해서는 가장 먼저 텔레비전 다국어 자막 서비스를 실시해야 합니다.

2

미디어,
손을 내밀다

함께 살아가는 세상

국제결혼이 늘어나면서 다문화 가정은 드라마 속 이웃으로 종
종 등장합니다. 그러나 아직까지 다문화 가정의 여성과 가족
들은 피해자의 모습으로 그려지는 경우가 많습니다. 그들은
사회에 부적응하고, 서툴고, 낯선 문화를 가진 이방인으로 설
정돼 있습니다.

이에 대구 MBC 주최로, 결혼 이주 여성을 위한 미디어 강
좌가 개설되었습니다. '카메라의 행복한 유혹'이 바로 그 시간

인데, 결혼이주 여성들은 '카메라로 나를 말한다'라는 주제로 직접 영상을 제작하고 영상 편지를 촬영했습니다. 이렇게 만들어진 것을 편집해서 고국으로 보내는 것도 직접 했습니다.

늘 피사체로 미디어에 비춰지던 그녀들이 직접 카메라를 들고 뛰면서, 결혼이주 여성들에 대한 왜곡된 시선을 바로잡고 한국사회와 올바른 소통을 하겠다고 나선 것입니다. 그녀들이 선택한 '교정'과 '소통'의 도구는 바로 미디어였습니다. 이 강좌를 듣기 위해 처음 문화센터를 찾아온 결혼이주 여성은 자신이 만든 결과물에 매우 만족하며 소감을 밝혔습니다.

"처음에는 고장낼까 봐 카메라 만지기도 겁이 났는데 지금은 내가 찍은 장면을 영상으로 확인하는 게 너무 신기합니다. 아직 서툴지만 언젠가 나와 우리 가족이 주인공이 되는 작품을 꼭 만들어서 고향의 가족에게 보내고 싶습니다."

작지만 당찬 포부를 밝힌 그녀는 비로소 마음을 열고 한국에 한 발짝 더 가까워진 모습이었습니다.

그간 도도한 자세를 유지해 왔던 미디어가 외국인들을 포용하기 위해 자세를 낮추고 친절해진 것은 매우 바람직한 현상입니다. 미디어는 이러한 여파를 몰아, 다양한 채널을 통해 국내 살고 있는 외국인들에게 다가가는 행보를 서두르고 있습니다.

새로 문을 연 케이블과 위성 채널에서는 나날이 늘어나고 있는 국내 다문화 가정을 위한 전문 오디오 채널을 선보였습니다. 비록 영상 없이 음성만 송출되는 것이지만 시간대별로 중국, 베트남, 필리핀, 태국 4개국 진행자들이 출연해 나라별 최신 유행음악과 민속음악을 들려줍니다.

이 채널에서는 일반 라디오처럼 청취자 사연과 신청곡도 받고, 채널 특성에 맞게, 외국인들에게 생소할 법한 한국 생활정보도 알려주며 전문가와의 상담 시간도 따로 마련하고 있습니다.

다문화 가정의 자녀를 위한 동화 번역 작업도 꾸준히 진행되고 있습니다. 단군신화, 효녀심청 등 한국인의 정서가 잘 나타난 전래동화를 외국어로 번역해서 다문화가정 어린이들에게 무료로 배포하는 이 활동은 해마다 편수와 수량을 늘리면서 활발한 진행을 보이고 있습니다.

경기도는 여원미디어(주), 경기사회복지공동모금회와 함께 '다문화가정 자녀 동화책 지원사업 협약'을 체결했습니다. 이에 따라 영어, 베트남어, 태국어, 몽골어, 러시아어, 인도네시아어 등 6개 언어로 번역된 동화책을 다문화 관련 단체와 다문화 가정에 전달했습니다. 이에 머물지 않고 경기도는 여원미디어 측과 협의해 관혼상제, 교육제도 등 우리나라의 정서와 문화를 익힐 수 있는 생활백과사전도 보급할 계획"이라고 말했습니다. 결혼이주여성, 이주노동자 등 한국에 살고 있는 외국인들은 우리가 도와줘야 할 소수의 약자가 아니라 함께 살아가야 할 동등한 대상입니다. 다만 낯선 지역에서 향수에 젖어 있을 그들에게 위로가 되는 음악 한 곡, 책 한 권을 나누고자 할 뿐입니다.

다양성을 인정하고 받아들이는 기초

정부의 노력에 발맞춰 미디어도 다문화 가정을 위해 많은 시간을 할애하고 있습니다. 텔레비전에서는 다양한 나라의 사람들이 출연해 문화의 다름을 이야기하고 소통하기 위해 노력합니다. 어느 나라의 문화가 옳다 그르다 하는 판단을 하려는 게 아니라 서로 다름을 인정하는 자리다 보니 분위기는 사뭇 화기애애합니다. 지자체 정기 간행물 화보에서는 '최초 이주민 정치인을 경기도에서 만들었다'고 뽐내는 듯 밝게 웃는 이주민 여성의 얼굴을 마주할 수 있습니다.

겉으로 드러나는 이러한 모습만 볼 때는 우리나라도 이미 건전한 다문화 사회로 진입한 듯합니다. 그러나 이 모든 것이 단지 겉으로 드러나는 모습일 뿐, 실제와는 많이 다릅니다. 사람들은 보여 주기 위한 행사와 각종 홍보에만 관심이 있을 뿐 실제적인 변화에는 그다지 신경을 안 쓰는 듯합니다.

그래서 다양한 인종을 텔레비전에 등장시켜 환하게 웃으며 손을 흔들게 함으로써 다문화가 성공적인 궤도를 걷고 있는 것처럼 보이도록 했습니다. 그것으로 다문화가 '성공'의 포장지로 잘 싸였다고 안심했습니다. 그러나 다문화는 단지 인종의 다양성을 뜻하는 것이 아닙니다. 진정한 다문화는 문화의 다양성을 인정하고 그것을 받아들이는 것입니다.

문화의 다양성을 받아들이는 첫 걸음은 보이는 면에 치중하느라 정작 현실을 보지 못하는, 인종 다양성을 자랑스럽게 과시하는 그 의식부터 버려야 합니다. 있는 그대로의 현실을 먼저 봐야 합니다. 여태 그것이 포장지에 가려 보이지 않았기에 새삼스럽고 낯설게 느껴진다 해도 정면으로 마주 봐야 합니다.

그리고 솔직해져야 합니다. 사실 우리 민족은 다양성을 받아들이는 데 배타적이었습니다. 다양성을 받아들이면 고유성을 잃어버릴까 봐 두려워했습니다. 그러나 인간의 욕구가 얼마나 다양한지 성, 표현, 문화, 선택이 얼마나 다양한 것인지를 인정하지 않는다면 다문화에 대해 이해했다고 말할 수 없습니다. 피부색이 다른 사람들을 줄 세워 놓고 악수를 나눈 뒤 금일봉을 건넸다고 해서 갑자기 다문화 사회가 이루어지지는 않는다는 말입니다.

피부색이 다른 이주민 스타 만들기 프로젝트를 그만두고, 다양한 문화를 인정하고 이주민들의 욕구와 문화가 표출되어 우리의 문화와 잘 어우러질 수 있도록 방법을 찾아 연구해 가야 합니다. 이것이 사회적 · 경제적 · 문화적 약자인 이주민들을 위한 첫 걸음이자 기본자세입니다.

3

새로운 사랑을
꿈꾸다

결혼이주 여성에 대한 편견

자기가 태어나고 자란 조국에 대해 애정이 없는 사람이 있을
까요. 조국은 어머니와도 같은 상징적인 의미를 갖습니다. 조
금 부족하거나 못나도 자신의 부모를 부정하거나 외면할 사람
은 많지 않을 것입니다. 자신의 조국을 떠나 타국에 새롭게 뿌
리를 내린다고 해서 그 마음이 변할 리 없습니다. 비록 다양한
이유로 몸은 떠났지만 그렇다고 해서 마음이 떠난 것은 아니
기 때문입니다.

이러한 가운데 결혼 이주 여성들에 대한 관심이 높아지면서

그녀들의 삶의 질을 우려하는 목소리도 커지고 있습니다. 결혼이주 여성들은 국제결혼을 통해 우리나라에 왔지만 우리 사회의 구성원으로 정착하기에는 많은 어려움을 겪고 있습니다.

언어, 빈곤한 경제, 교육, 취업, 한국 문화 부적응, 임신과 출산, 남편의 폭력, 시댁과의 갈등, 사회의 시선, 이혼 이후 불법 체류 문제 등은 그녀들의 삶을 방해하는 요소가 되었습니다. 그것이 공개되고 제대로 해결되지 않는다면 결혼이주 여성들의 삶의 질은 늘 바닥에서 맴돌 것입니다.

또한 최근 들어 미디어, 정부, 시민단체, 학계에서 국제결혼 이주여성에 대한 연구와 논의가 활발하게 전개되고 있습니다. 이러한 다양하고 활발한 움직임에도 불구하고 사람들은 결혼이주 여성들에 대한 편견을 쉽게 버리지 못합니다. '저출산과 고령화를 해결해 줄 도우미', '돈 때문에 팔려온 후진국의 불쌍한 여자' 또는 '우리 사회에서 환영받지 못하는 남자들의 성적 욕구를 풀어 주기 위해 인신매매성 결혼을 한 여자' 정도로 취급을 합니다. 실제로 일본인 결혼이주 여성은 다음과 같은 인터뷰를 했습니다.

"외국인 며느리들은 결혼해서 한국에 오자마자 너무 바쁩니다. 시어머니는 빨리 아들을 낳으라고 성화고, 집안일도 알아서 척척 해 주기를 바랍니다. 생전 먹어본 적 없는 한국 음식을 만들라고 하고 그것을 제대로 못하면 화를 냅니다. 정말 머리 아프고 힘들었습니다. 며느리들도 시간이 필요합니다."

필리핀에서 온 여성은 결혼이주 여성들의 사회적 인식과 지위에 대한 불만을 토로했습니다.

"저는 돈 때문에 결혼한 게 아니었어요. 그런데 사람들은 마치 제가 돈에 팔려온 사람인 것처럼 오해를 했어요. 배울 만큼 배운 사람이 이 시골까지 와서 왜 고생하고 있느냐고 말했죠."

베트남 여성도 결혼이주 여성이 성적인 노리개로 취급 받는 것에 대해 분노했습니다.

"지금 생각해도 화가 나고 이해할 수 없어요. 얼마 전까지만 해도 마을 곳곳에 '베트남 숫처녀랑 결혼하세요'라는 플래카드가 걸려 있었죠. 그 플래카드를 보는 순간 싸구려 섹스 파트너가 돼 버린 것 같아 얼굴이 화끈거리고 자존심이 상했어요."

결혼이주 여성들은 사랑을 찾아 새로운 삶을 시작하기 위해 우리나라에 왔습니다. 물론 우리나라보다 생활수준이 조금 낮고 경제적으로 열악할 수 있습니다. 그렇다고 해서 그들이 우리보다 낮은 인격을 가졌다고 절대 말할 수 없으며, 누구나 그렇듯이 그녀들의 삶 또한 소중합니다.

우리나라 사람들의 잘못된 인식 때문에 결혼이주 여성들의 고통이 큰 사회 문제로 떠오르자 국민 의식 전환을 요구하는 진지한 충고들이 줄을 이었습니다. 그것이 몇 년째 반복되고 있지만 의식의 진전은 눈에 뜨지 않습니다. 우리나라 사람들은 여전히 결혼이주 여성들에 대한 편견과 선입견을 갖고 있고 자신의 생각이 옳다고 확신하고 있습니다.

이러한 생각의 기반을 마련한 것은 미디어였습니다. 텔레비전에서 결혼이주 여성들에 대한 문제를 다루면서 그녀들이 '가난에서 벗어나기 위해 말도 안 되는 나이차에 불구하고 하는 수 없이 한국 남자와 결혼을 하여 우리나라에서 살고 있다'는 식으로 보도를 했고, 그것이 마치 전부인 것처럼 전달되었습니다. 그러므로 결혼이주 여성들은 전부 가난한 나라에서 온 못 배운 여자들로 낙인이 찍힌 것입니다.

또한 그녀들은 언어와 문화에 서툴러서 실수하고 일을 그르치는 존재로 인식됩니다. 실제로 언어와 문화의 차이에서 오는 혼란, 이방인으로서 자신들을 바라보는 주류 사회의 시선에 대한 불편함, 인격체로서 존중 받지 못하고 가족 내부에서마저 비인간적인 대우를 받았던 경험은 결혼이주 여성들에게 오랫동안 상처로 남습니다. 이것을 즉각적으로 해결할 수 있는 창구를 마련하는 것이 무엇보다도 시급합니다.

특별하지 않은 다문화 가정

"영화 속에 등장하는 이주 여성이 괴물보다 부담스럽다고요?"

결혼이주 여성이자 스크린에서 연기자로 활발하게 활동하고 있는 이자스민 씨의 말입니다. 그녀는 흥행에 성공한 한 영화에서 주인공의 어머니로 나오면서 얼굴을 꽤 알렸습니다. 그녀는 미스 필리핀 출신의 의대생이었는데, 한국인 남성을 만나 결혼한 뒤 한국에 왔습니다. 그녀가 방송 일을 시작한 이유는 이주여성들에 대한 편견을 깨기 위해서였으며, 요즘은 다문화 가정 네트워크를 결성하여 이주 여성들의 인권 보호에 앞장서고 있습니다. 그녀는 두 아이, 남편과 가정을 꾸려 행복한 생활을 하고 있지만 주변의 시선이 여전히 따갑다고 말합니다.

"미디어는 이주 여성들은 가난한 나라에서 왔고, 문화 · 사회 · 언어 부적응자이고, 사회적 배려의 대상자라는 이미지를 만들었습니다. 또한 다문화 가정의 아이들은 '왕따'이기 일쑤고, 이 아이들의 아버지는 농촌 출신의 노총각이고, 학력이 낮은 데다가 경제적 능력도 부족한 것으로 비춰지고 있습니다."

그녀는 왜곡된 미디어의 시선을 꼬집어 말합니다.

"하물며 다문화 관련 공익광고도 왜곡된 시선을 조장하고 있습니다. 광고에 등장하는 여자들은 전부 동남아 출신이고, 허름한 한옥집에 살며, 세피아색 처리로 영상을 우울하게 보이도록 만들었습니다."

그녀는 사람들의 편견이 가장 무섭다면서 잘못된 배려에 대해서도 불편한 감정을 드러냈습니다.

"제가 무엇을 하든, 어디를 가든 항상 '다문화'라는 꼬리표가 따라 붙습니다. 처음에는 '우리의 존재를 인정하는구나' 하고 반가웠는데 지금은 '혼혈아'라는 말처럼 정상과 그렇지 않은 사람을 구분하는 것 같아서 기분이 좋지 않습니다. 다문화 가정을 언제나 부적응자, 도움이 필요한 사람들로 바라본다면 그들은 한국 사회에서 그런 모습으로만 존재하게 될 것입니다. 불쌍하다는 시선으로 무심코 던지는 잘못된 배려도 많습니다. 다문화 가정 아이를 둔 부모에게는 '어머, 아이를 참 잘 키웠네요' 하는 말조차도 상처가 될 수 있습니다. 그 말의 기저에는 편견이 짙게 깔려 있기 때문입니다."

이자스민의 말처럼 편견이 사라지지 않는 한 다문화 가정은 우리 사회 한 켠의 불편한 부분이 되고 말 것입니다.

다문화 가정이라고 해서 일반 가정과 다르지 않습니다. 그들은 서로 사랑하고, 혈연관계로 뭉쳐 있으며, 가끔은 의견 충돌도 있고, 이혼을 하기도 합니다. 그것은 다문화 가정에만 있는 문제가 아니라 우리나라 가정 어디에서나 있는 일들입니다. 다문화 가정이라고 해서 다르거나 특별하지 않습니다. 그들을 바라보는 시각도 그래야 합니다.

'남자는 세 여자 말만 잘 들으면 성공한다'는 우스갯소리가 있습니다. 일명 현대판 '삼종지도(三從之道)'로 불리는데, 결혼 전에는 어머니 말씀을 잘 듣고, 결혼한 뒤에는 부인의 말을 잘 듣고, 평상시에는 내비게이션 여성의 목소리만 잘 들으면 성공할 수 있다고 합니다. 피식 웃으면서도 한편으로는 내비게이션이 우리 생활에 얼마나 밀접하게 관련돼 있는지 다시 한 번 생각하게 됐습니다.

요즘은 차와 함께 필수로 구매하는 것이 내비게이션입니다. 요즘같이 도로망이 복잡하고, 하루가 다르게 길이 새로 나는 상황에서 내비게이션만큼 중요한 게 없습니다. 내비게이션은 모르는 길을 쉽게 찾을 수 있도록 안내하는 것은 물론, 아는 길이라고 해도 실시간 검색하여 교통 체증을 피하고 가장 빠른 길을 안내합니다.

'내비게이션이 미디어인가?' 하고 의문이 생긴다면 그 기능에 대해 좀 더 생각해 볼 필요가 있습니다. DMB 방송 수신, 동영상 재생, MP3 재생, 게임, USB와 연계한 외장하드 기능, 가라오케 기능, 과속감시카메라 설치 정보, 교통 정보, 날씨 정보, 맛집 정보, 주유소 정보 등 다양한 정보가 빠르게 업데이트되어 운전자의 편의를 돕습니다. 이 시점에서 봤을 때 내비게이션을 미디어가 아니라고 말할 사람은 없을 것입니다. 오히려 내비게이션을 주목 받는 차세대 멀티미디어로 평가하는 목소리가 더 높습니다.

우리의 일상은 미디어와 밀접한 관계를 갖고 있습니다. 미디어를 접하지 않고서는 단 하루도 살 수가 없습니다. 집에 있거나 사무실에 있을 때도, 운전을 하고 있을 때도, 길을 걸을 때도 늘 미디어의 그물망 안에서 움직이고 있습니다.

미디어와 어떤 관계를 형성하고 어떻게 활용하느냐에 따라서 삶의 질이 결정됩니다. 미디어는 단순히 정보와 재미를 주는 도구가 아니라 소통의 창구가 되었으며 삶을 윤택하게 하는 최상의 수단이 되고 있습니다. 특히 세상의 모든 것이 '사람' 중심으로 형성되는 소셜 미디어는 사람과 사람 사이의 관계망이 더욱 확대, 강화되는 특성이 있습니다.

기존에는 원하는 콘텐츠를 얻기 위해 어떻게 검색할 것인가가 최대 관건이었지만, 소셜 미디어에서는 그 콘텐츠를 제공한 사람이 누구이며, 그 사람을 어떻게 찾아내고, 그 사람과 어떤 관계를 맺을 것인가가 중요해졌습니다.

네트워크가 정보 생산과 공유를 목적으로 하는 것이 아니라 관계를 유지하기 위한 자발적인 정보를 생산하는 창구가 된 것입니다. 그리고 사람들은 친구, 관심 분야가 비슷한 사람, 믿을 만한 사람들의 온라인 활동을 지켜보면서 자신의 의사 결정에 반영을 합니다.

미국 하버드대학 교수인 사회학자 니콜라스 크리스태키스와 캘리포니아 대학 정치학자 제임스 파울러는 '3단계 거리 안에 있는 사람들로부터 우리는 직접적인 영향을 받는다'고 설명했습니다. 1단계는 친구, 2단계는 친구의 친구, 3단계는 친구의 친구의 친구를 말합니다. 그들의 분석에 따르면 자신의 친구가 행복할 경우 행복할 확률이 15% 올라갔으며, 2단계의 경우는 10%, 3단계의 경우는 6% 확률로 행복이 전염된다고 합니다.

미디어는 향수의 대상이 되기도 하지만 시대상과 민심을 고스란히 반영하고 있기 때문에 시대를 진단하는 아이콘으로도 쓰입니다. 영국의 한 캐피털 회사는 매일 1억 개가 넘는 트위터 정보를 이용해 투자하는 펀드를 판매해 2,500만 파운드 이상의 자금을 운용하기도 했습니다.

주식 시장에 트위터의 정보를 이용한다는 것은 주식시장이 집단의 정서 상태와 관련돼 변화한다는 것을 뜻하며, 집단적 정서가 투자에 영향을 끼치는 중요한 요소라는 것을 반증하는 것입니다. 이로써 사회구성원의 행동을 예측하기 위해 소셜 네트워크 정보를 활용할 수 있다고 말할 수 있습니다.

불특정 다수를 통해 얻은 정보보다는 지인의 정보에 더 많은 영향을 받습니다. 지인과는 이미 신뢰 관계를 구축했기 때문에 감정의 변화가 쉽게 일어납니다. 사람들의 욕망은 끊임없이 변화하는데, 우연히 산발적으로 변화가 일어나는 게 아니라 상호 간 영향을 주고받는 가운데 변화가 일어납니다. 이러한 변화의 범위가 확장되었을 때 그것을 '트렌드'라고 부를 수 있습니다.

트렌드는 다양한 시대상을 반영하고 있기 때문에 문화 읽기의 한 방편으로 접근하는 경우가 많습니다. 그리고 트렌드를 담아 확산시키는 도구로 미디어가 활용됩니다. 즉 소셜 미디어 시대 키워드 분석을 통해 사회의 흐름을 진단할 수 있게 됐다는 말입니다.

요즘 사람들은 누가 강요해서가 아니라 스스로 원해서, 자신의 생각과 정보 그리고 관계 네트워크를 공개하고 이것을 다른 사람들과 공유하고자 합니다. 다른 사람 앞에 나서는 것을 꺼리고 뒤에 숨으려던 과거와는 판이한 현상입니다. 관계와 소통이 중요해지는 근래 들어 소셜 미디어, 소셜 네트워크의 역할이 막중해지고 있습니다. 이것을 현실로 가져와서 우리 생활에 긍정적으로 활용할 방안은 무엇인가, 어떻게 하면 인간 삶이 보다 편리하고 행복해질 것인가에 대한 근원적인 문제들을 고민할 때 소셜 미디어가 나아갈 방향이 명확해 지리라고 봅니다.

미디어는 장벽이 아닙니다. 장벽에 만들어진 문입니다. 문은 닫혀 있으면 벽과 다름없지만 열면 누구나 드나들 수 있는

맺음말
미디어로
세 상 을
진단하다

통로가 됩니다. 공간을 넘나드는 소통의 경계선에 미디어가
존재합니다. 그리고 그 문을 여는 것은 이용자, 즉 바로 여러
분입니다.

MeMo

MeMo